人もお金も動かす

超スゴイ！文章術

金川顕教
Akinori Kanagawa

すばる舎

はじめに

結婚式のお約束となっている、新婦による両親への手紙の朗読。式の当日にはじめて新婦を見た間柄なのに、思わず感情移入してしまった経験はないでしょうか？

先日、僕も友人の結婚式に参加して新婦の手紙でやられました。ドラマチックな過去が語られるわけでもなく、両親との思い出や感謝の言葉が等身大の言葉で述べられる、ある意味、普通の内容。でも、やっぱりダメでした。いまにも垂れそうになる鼻水をこらえながら、「なんていい手紙なんだ……」と感動しきりでした。

そのとき、改めて思ったのです。

文章には人の心を動かす力があり、人の心を動かせる文章こそが本当の「いい文章」であるということ。そして、人の心を動かす文章を書くには綺麗な日本語も難しい単語も必要ない、ということを。

例えば、あの日の結婚式の参列者で新婦の手紙を聞きながら「接続詞の使い方が不適切だな」とか「語彙力増やそうよ」とか、文章自体に難癖をつける人は滅多にいないと思うのです。むしろ、あの場で新婦がやたらと背伸びをした日本語を使っていたら、僕の感動は半減したと思います。

「ママ、いままでホントにありがとね」だからグッときたわけで、「拝謝申し上げます」だったら「ウソくさっ!」と思ったでしょう。

結局、参列者が新婦の手紙に心を動かされるのは、その文章が相手のことを真剣に考えながら綴られているからです。

「共感の時代」と言われる昨今、**人の心を動かす文章の重要性は年々増しています。**

例えばB2C（一般消費者相手）の企業では、さまざまな接触チャネルを使いながらストーリーを語り、ファンを増やし、関係性を大切に育む姿勢が求められています。「いかに優れた製品を作るか」よりも「いかにユーザーに好かれ、コミュニティとして囲い込めるか」が生命線。「Twitterの中の人」の発言がシェアされる現象などはわかりやすい例で、マス向けの広告をドン！と打ったらモノが売れる時代ではもはやありません。

社内のコミュニケーションを見ても、従来のトップダウンのスタイルから、さまざまな意見をぶつけあいながら調和を目指す、双方向の対話力が求められています。リーダーシップのあり方も、カリスマ型からフォロワーシップ型に変わっています。

こうしたコミュニケーション活動で大きなウェイトを占めるのも、人の心に刺さり、人を動かすことができる文章です。

個人に目を向ければ文章の重要性はもっと顕著ですよね。

仕事でもプライベートでも、僕たちが電話を使う機会はめっきり減りました。事務的な連絡であろうと相談事であろうと雑談であろうと、**ほとんどの対話はLINEやSlack、Facebookメッセンジャーなどのチャット上で行われるようになっています。すべて文字ベースです。**

実際、今の若い人にとって告白も別れ話も、仕事の相談も退職の連絡も、LINEで済ますことは普通の感覚です。

その背景にあるひとつの大きな時代の流れとして「脱形式主義」があると思います。そもそもメールは「紙の手紙の延長」にあるものなので、堅苦しい文章上のルールがたくさんあります。一方でチャットは「リアルな会話の延長」にあるもの。そのため文章としての自由度は高く、より「人間くさいコミュニケーション」が交わされる前提のものです。

電話や対面でおこなっていた会話を文字ベースで済ますシーンが増えているということですから、**文章力が高ければ高いほど、物事が思い通りに進む場面が増える**ということです。

もうひとつ個人レベルでみたときの大きな変化は、個人と個人が直接つながりやすくなったことです。もちろんその要因はＳＮＳの普及です。

一般人でも文章を発信する機会が増え、さらに人の共感を得た文章は不特定多数に拡散されやすくなりました。

ＳＮＳがここまで普及するまでは個人が文章を書いたところで読み手が限られていました。ですからプロの物書きを目指す人でもない限り、ビジネススキルとしての文章力はさほど重視されてこなかったのです。

しかし、僕たちの生活の中にＳＮＳがどんどん入り込んできたことで、つながりはお金と同様、その人の資産とみなされるようになりました。

そのつながりのきっかけとなる個人の文章力は、いまだかつてないほど大きな意味を持つようになったのです。

それはプロブロガーのようにつながりを直接マネタイズする道ができたという意味もあれば、同じ志を持った全国の人とつながりやすくなったという意味もあれば、セルフブランディングの手段として文章をうまく使い、フォロワーを増やすことで本業に活かせるようになったという意味もあります。

このように、人に共感されたり、人の心に刺さったり、人を説得できたりする文章が書けるようになると、**本業、副業、プライベートを問わず、あらゆる場面で「強力な武器」を手に入れる**ことができます。

しかも、そのスキルは一度覚えたら忘れることはありません。

「文章力かぁ。でも昔から国語は苦手だし、自分の文章に自信がないんだよな」

そう感じる方も多いでしょう。

でもご安心を。この本は小説家を目指すための指南書ではありません。読みやすいい文章を書くにはどうしたらいいかという領域も多少カバーするものの、この本で基本的に言いたいことは究極的にはひとつだけ。

「いい文章とは、読み手が読みたい文章のことである」ということです。

これは意識の問題なので、どんな人でもすぐに効果が出ます。

実は、僕自身、20代前半まで自分の文章力について意識すらしたことがない人間でした。論文の成績が良かったわけでもなく、「文才レベル」でいうとおそらく中の下くらいだったと思います。

そんな僕はもともと大手会計事務所に勤めていて、仕事は忙しかったものの生活は安定していました。しかし、逆に将来がある程度見通せてしまう環境が急につまらなくなって、他のキャリアを模索しだしたのです。

そのときたまたま出会ったのがウェブマーケティング。いわゆるアフィリエイトブログです。商品の魅力をインターネット上で発信して、関心度を高めてもらう（クリックしてもらう）ことで収入を得る仕事です。


最初は副業としてはじめました。仕事が終わったらまっすぐ家に帰って、寝る間を惜しんで記事を書き溜め、仕事の休憩時間にトイレの個室で記事を投稿するような生活をしていました。

いざやってみるとこれが非常に奥深い。なにせ他に誘惑がいくらでもある読み手に対して、記事を見つけてもらうことからはじめないといけません。さらに、読んでもらうだけではダメで、最後まで読んでもらって「買いたい！」と思ってもらわないといけません。

ブログ記事を2回読む人はまずいないので、一発勝負の世界です。

当時の僕は文章の素人でしたから、最初はまったくお金になりませんでした。時給に換算したら200円にも満たなかったでしょう。

焦った僕は書店で文章術の本を買いました。手始めに買ったのは小説家を目指すような人が読む本です。参考にならなかったと言ったらウソになりますが、残念ながら売り上げにはほとんど貢献しませんでした。


そこで次に僕はマーケティングの本や行動心理学の本を読み漁り、さらにセールスのセミナーなどにも積極的に参加しました。

当時の僕は文章力だけではなく、会話力も営業力も素人だったので、「人を動かすプロのノウハウも知っておいたほうがいいかも」と思ったのです。

そうやって、**学んだことを自分の書く文章にひとつずつ反映していったところ、自分でも驚くほどすぐに効果が出て、思い切って会社を辞めるふんぎりがついた**のです。

それが7年前のこと。

いまでは年収が会社員時代の10倍になり、本の執筆依頼もコンスタントにいただけるようになりました。

人生がこれだけ大きく変わったのも、マーケティングやセールスをベースとする、**人やお金を動かせる文章術**を習得したことがきっかけです。

僕はなにも「文章力を上げれば人生のすべてがうまくいく！」というつもりはありません。

でも、**文章力を底上げすれば、人生が断然スムーズに動き出す**ということは自信を持って言えます。

もっと**収入**を増やしたい。
もっと**フォロワー**を増やしたい。
もっと**影響力**を持ちたい。
もっと人の**行動を変えたい**。

この本は、こんな願いを持っている人たちのために書きました。

僕は国語の先生ではないので至らないところもあるかもしれませんが、この本で取り上げる内容は、**僕が実際に学び、使ってみて、本当に効果が高いと思ったティップス**に絞っています。どの文章術の本よりも実践的な内容に仕上がったと自負しています。

構成としては、「文章術があなたにもたらすであろう変化」を1章にまとめました。2章から5章までが文章のハウツー的な話で、文章の目的とそれぞれの難易度に応じて「伝わる文章（初級編）」「共感される文章（中級編）」「興味を引く文章（中級編）」「人の行動を喚起する文章（上級編）」に分けてあります。

この本を読んだことで、いままであなたが何気なく書いていた文章を見直すきっかけとなり、強力な武器を手に入れ、公私ともども歯車がうまく回り出すことを願ってやみません。

『人もお金も動かす　超スゴイ！文章術』もくじ

第2章

初級編

伝わる文章を書く

第3章 中級編 共感される文章を書く

第4章 中級編 興味を引く文章を書く

第5章 上級編 行動を喚起する文章を書く

第1章

なぜ、あなたは文章術を身につけるべきなのか？

□

001

あなたをブランド化できる！

「文章術」は、あなたの評価を左右する重要なスキル

テレビや雑誌が情報発信の中心だったマスメディアの時代において、個人のブランド価値を高めてファンを獲得できるのは情報発信の機会が与えられた一部の人に限られていました。しかし、ソーシャルメディアの時代になったことで、**誰もが自分のメディアを持つことができるようになりました。** しかも、限りなくローコストで。

その結果、市井《しせい》の人でも実力と努力次第で「ビッグ」になれるチャンスが到来した

のです。ただし、「機会の平等」は実現しましたが「結果の平等」が実現したわけではありません。

ソーシャルメディアがもたらしたのは「選択過多」と「競争激化」という状況です。何かしらキラリと光るものがないと、存在自体を認知してもらえませんし、ブランド構築もできません。

そこで重要になるのが「セルフ・ブランディング」という考え方です。「パーソナル・ブランディング」とも言います。

もし「ブランディング」という言葉がピンとこない方がいらっしゃれば「信用を上げる行為」のことだと思ってください。ブランドとはそもそも信用が積み上がった結果のことです。

さて、**大多数の人に対してセルフ・ブランディングをするときのベースとなる情報発信手段が文章**です。ほかにも画像（Instagramなど）や音声（ポッドキャストなど）や動画（YouTube、ライブストリーミングなど）などもありますが、どんな手段を組み合わせるにしても文章がやはり基本です。
パーソナル・ブランディングのコンサルタントであるピーター・モントヤ氏は、その著『パーソナルブランディング』(ティム・ヴァンディー著、本田直之訳、東洋経済新報社)において、パーソナル・ブランディングを次のように定義しています。

あなたのパーソナルブランドは強力、明晰かつ前向きな人物像であり、人々があなたのことを考えるために心に浮かぶものである。これは人々があなたのことを関連づけるあなたの価値、能力、行動を象徴するものである。これはあなたの印象に影響を与え、その印象を機会に変えるために作られたプロフェッショナルとしての別の自己にあたる。

ようは、セルフ・ブランディングの目的は、周囲の人があなたの名前を聞いたときに真っ先に思い浮かぶイメージを、戦略的にコントロールして、ビジネス(や自分のやりたいこと)に役立てることです。
ここで重要なことは**「戦略的にコントロールする」**という点です。

「信用を積み上げるなら、ありのままを見せたほうがいい」という意見もあるでしょう。たしかにおっしゃる通りです。

ただ、それが有効なのは「自分のありのまま」が十分魅力的な、ある意味、選ばれし人たちです。

普通の人がありのままを見せたら、普通の人です。

これではキラリと光ることはできません。

幸いといいますか、現時点でセルフ・ブランディングを意識している人はそれほど多くありません。**ブランド構築（信用力の醸成）は時間がかかるので、できるだけ早く着手しておく**ことをおすすめします。

「目立ちたくない」という人にとっても、これから一般の人たちのなかでセルフ・ブランディング

がじわじわ浸透しだす社会において、**無駄に自分の評価を下げないためにも文章術は重要なスキル**だと思います。本田直之さんも、その著『パーソナル・マーケティング』（ディスカヴァー・トゥエンティワン）で、これからの時代は「会社依存の時代」から「個人サバイバルの時代」へ変わっていく、と指摘されています。

生き残りのために文章術は必要なのです。

それにセルフ・ブランディングを意識しだすと「理想の自分」を常に意識するようになります。これも非常に大きな意味があると思っていて、なにかしらの目標、なにかしらの飢餓感を持つことは、自己成長の基本ではないでしょうか。

個人をブランド化できる社会は、冷静に考えるととんでもなく大きなチャンスです。

例えば世界的シンガーソングライターのジャスティン・ビーバーも、もともとはYouTubeで人気を集めてレコード会社に見出されたシンデレラボーイです。

文章にしても使えるプラットフォームはいくらでもあります。

自分の考えを世界に伝えたいならブログがあります。

本を書きたいと思ったら出版社を介さずとも電子書籍で手軽に本を書けます。

プロモーションをしたいならソーシャルメディアがあります。

このように、セルフ・ブランディングの環境は完全に整っています。あとは、やるか、やらないかだけなのです。

まとめ

個人をブランド化できる「ビッグチャンス」の時代が到来！
文章術を身につけて、どんどん情報発信しよう

002

ファン・フォロワーという資産が増える！

仲間・応援者も「文章」で集めることができる

東京の原宿・表参道エリアに10代、20代の男性から圧倒的な支持をうけるOCEAN TOKYOという美容室があります。創業から5年で同地区に5店舗（大阪にも1店舗）を構えていて、全国からお客様が集まってきます。

同社の取り組みの何がユニークかというと、美容師全員にSNSをやらせていることです。

Facebook、Twitter、YouTubeやブログ。各自がコツコツ情報を発信することで美容師個人にファンがつき、結果、集客力が上がり、リピーター率も高いそうです。

お金をかけて広告をドンと打てばお客様が集まる時代ではなくなり、いかに個人がセルフ・ブランディングをしてファン・フォロワーを作るかがビジネスにおいて重要かを示す、いい例ではないでしょうか。

実は僕は同社の取り組みにいたく共鳴して、部下の営業マン全員にSNSをやってもらっています。文章が苦手だという社員がいたとしても「大丈夫、大丈夫。国語のテストじゃないし、続けることが大事だから」と励ましながらやってもらっています。

セルフ・ブランディングを続けていくと、信用度と比例してファンやフォロワーが増えていきます。

個人に話を限れば、ファン・フォロワーが増えると率先してあなたを助けてくれる支援者が増えます。また、たまった信用がさらなる信用を呼ぶ相乗効果が起きるようになり、いままで一人ではできなかったことができるようになります。

いままでの時代は、自分一人でできないことを実現するために必要な資源は「お金」

でした。でも**これからは、「ファン・フォロワー」および「信用」という資産が、「お金」と同等か、それ以上の価値を持つような時代になっていく**のです。

しかもそれは長期的に大きなリターンをもたらしてくれるのです。

ここで時代背景の変化にもふれておきましょう。

これからの時代は個人同士の「ゆるいつながり」が日常生活や経済活動の軸になっていきます。同じ趣味や志を持つ人たちがネット上のコミュニティでつながったり、フリーランスの人たちが集まって会社という枠の外で一緒に大きなプロジェクトを動かしたりする光景は、すでに当たり前のことになりました。

インターネットのおかげで面識のない個人同士がつながりやすくなったからです。

個人と個人が直接つながった状態のことを、ＩＴ用語でＰ２Ｐ（ピア・ツー・ピア）と表現したりします。世の中がＰ２Ｐにシフトしていくにつれて、つながりの大きさの判断基準となるファンやフォロワー数は、個人（や企業）の市場価値を大きく左右するようになりました。

現時点ではブロガーやYouTuberやオンラインサロン主催者などが、いわゆるフォロワー経済の成功者として目立っています。ただ、目立っているのは時代の先駆者だからであって、今後はもっと身近な領域でもP2Pは広がっていきます。

さて、ここが重要なことですが、「ゆるいつながり」は義務ではありません。強制力はありません。

「なんかいいな」と思ったらつながって、「なんか違う」と思ったら距離を置く。そんな関係です。だからこそ「共感」がキーワードなのです。

あなたが友人を選ぶときに損得ではなく雰囲気を重視するのと同じで、それは非常に感覚的なものです。必ずしもロジックまかせではありません。そういう意味で、**ファン・フォロワーという言葉がしっくりこない方は「仲間」や「応援者」という言葉に置き換えてみて**ください。

「応援者が増えたっていいことはない」と考える人はいないはずです。

しかも、個人同士がつながるきっかけの大半を占めるSNSは、人工知能が各ユーザーの興味・関心に合った投稿を選別して表示しています。これがいわゆる「フィルター・バブル」というもので、本人が気づいていなくても、いつの間にか僕たちは情報の膜に包まれています。

ということはどういうことかというと、特定の人の共感を得られる投稿をすれば、同じ価値観の人のタイムラインに表示されやすいということです。結果的に共感の連鎖が起きやすいのです。

仲間集めには最高の時代だと思います。

文章を通じて「なんかいいな」と思ってもらえれば、「仲間」「応援者」が増える。

クラウドファンディングがいい例です。

「何かを作りたい！」という人が、自分の思いを文章で綴ることで仲間や応援者を募るのがクラウドファンディングです。会ったこともない人が、うまくいくかどうかわからないことに挑戦するときのお金を貸すという行為は、あまり合理的ではあ

りません。

それでもクラウドファンディングでお金を集められる無名の人たちがいっぱいいるのは、発起人の思いに共感する人が一定数いるからです。

「自分は若い頃に夢をあきらめた。だから若い人の夢はどんどん応援したい」という人もいれば、「自分も同じ課題を抱えているのに行動を起こせていない。自分にできることは協力したい」という人もいるでしょう。

いずれもキーワードは「共感」であり「応援してあげたい」という気持ちです。

そしてその共感の気持ちを引き出すには、文章で自分の思いをしっかり伝えられることが前提になっています。

まとめ

文章術を磨いて、お金以上に価値ある資産を手に入れよう

□

003

一生使えるビジネススキルになる！

セールス、交渉、部下育成……さまざまな能力が磨かれる

英語が得意とか、車の大型免許があるとか、税理士の資格があるとか――。仕事をしていく上で役立つ資格やスキルは世の中にたくさんあります。だからみんな頑張って習得を目指すわけですね。僕も学生時代に一念発起して公認会計士を目指してからは、プライベートを一切犠牲にして丸2年間、試験勉強に没頭したものです。

ただ、資格やスキルで怖いのは時代の変化によってその価値がなくなる可能性があることです。

例えば今トラックやバスの免許を持っていても、自動運転が本格的にはじまったら真っ先に導入されるのは物流と公共交通です。公認会計士にしても、コンピューターの自動化が進めば、いまほどたくさんの会計士は不要となるでしょう。

その点、文章術はほぼどんな仕事でも使いますし、その価値が廃れることはありません。

転職や独立、兼業、「複」業などが普通のことになっていく時代において、**文章術ほど即効性があり、応用範囲が広く、時間的にも労力的にもコスパがいいスキルはありません。**

普段あまり意識しませんが、仕事をしているときに書く文章には必ず目的がありますよね。

「情報伝達のため」というのは当たり前ですが、もっと細かく考えれば

- 説得したい、考え方を変えたい、交渉で勝ちたい（営業力、説得力、交渉力）
- 魅力を伝えたい、感動させたい、想いを伝えたい、ビジョンを見せたい（ストーリーテリング能力）
- 励ましたい、士気を上げたい（コーチング力）
- 理解させたい、教えたい（ティーチング力）

など、いろいろあります。

文章術を身につけるとこれらのことが圧倒的にしやすくなる（該当するスキルが底上げされる）のです。

これからキャリアをスタートさせる若い人であれば、真っ先に身につけるべきスキルではないかと思うのです。

まとめ

「複」業が当たり前になる今の時代。
文章術は、時間的にも労力的にもコスパが高い最強のスキル

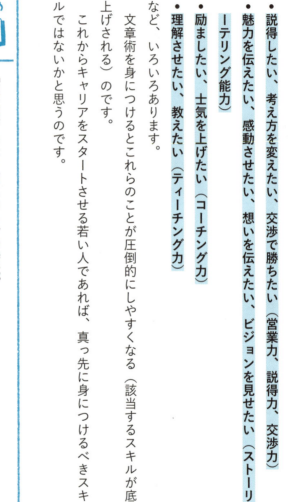

004

人間関係が良くなる！人に好かれる！

LINE、メール、1対1……あらゆる場面で役立つ

文章力を磨くことで、人を説得したり、思いを伝えたり、励ましたりといったことが容易になってくると、当然、**プライベートでも役立ちます。**

ご存知の通り、いまの10代、20代の人たちにとってLINE上でのコミュニケーションは、リアルなコミュニケーションの場と大差はありません。年配の世代のようにオンとオフ、リアルとバーチャルといった境界はなく、いずれも「リアル」な感覚です。

でも、こうした感覚は僕たち大人世代のなかにもだいぶ浸透してきたのではないでしょうか？　少し関係の冷めた夫婦であれば、会話の9割がLINEという人もいるはずです。

だからこそ、**「相手目線で文章を書く」という本書で提唱する文章術を身につければ、無駄な誤解や衝突がさけられ、あなたの優しさや思いやりが伝わり、ひいては良好な人間関係につながる**のです。

相手の気持ちを汲み取りながら会話できる人のほうが良好な人間関係を築きやすいのとまったく同じように。

文章術だけで人付き合いに関するすべての悩みが解決できるとはいいません。

でも、LINEでメッセージを送るときに

「この書き方だと自分が怒っていると思われないかな」

「ここでは相手の話に乗っておいたほうがいいかな」

「ここでマウンティングしてもまったく意味ないよな」

といったことが考えられるようになれば、日々の人間関係のストレスは相当減ると思いますし、好感度も間違いなく上がるでしょう。

そういえば以前、売れっ子の男性ブロガーの方と雑談をしていたときに文章術を身につけてよかったことについて話題が及びました。

その方は真っ先に「モテるようになった」とおっしゃっていました。**一度も会ったことがない人でも文章だけで口説けるようになった、**というのです。

これも考えてみれば当然のことで、顔の見えないたくさん読者の心情を想像しながら文章を書くことが当たり前の彼にとって、1対1のコミュニケーションで相手の気持ちを良くさせて、自分に好意を持ってもらうことは、彼曰く「朝飯前」だというのです。

独身読者の皆さん、ちょっと興味が湧きましたか（笑）。

まとめ

「相手目線」で文章を書くようになれば、好感度が上がり、人付き合いに関する悩みやストレスも減っていく

□

005

脳が鍛えられ、ロジカルシンキングも身につく！

思考整理、言語化スキルが磨かれ、頭の回転も速くなる

文章術がもたらすのは外向きの恩恵だけではありません。

僕が文章と真剣に取り組んだことで実感している内的な成長としては、次の3つがあります。

- **思考の整理、言語化能力**が身につく

- **ロジカルシンキング**が身につく
- **メタ視点、俯瞰力**が身につく

ようは脳が鍛えられるということです。

これらは文章を書く行為の本質を考えれば当然のことかもしれません。

まず、「文章を書く」とは自分の脳内にあるもやもやした情報や思い、感覚、アイデアなどを整理して、形にする作業に他なりません。

例えばこの本を書くにあたって僕は1カ月間、文章というテーマに紐付いた頭の中の引き出しをいろいろ開けながら情報を整理して、文章にまとめています。

一度このような経験をすれば頭の中で整理がついているので文章についてより深く考えられるようになります。イメージ的には一皮むけた感覚。自分が成長している感覚が心地よくて、今では新しいテーマの本を書くことが楽しみになっています。

さらに、思いついたことをただ文字にしていくだけでは第三者に伝わりませんから、わかりやすい論理で情報を交通整理していかないといけません。

これは**脳の筋トレのようなもので、やればやるだけロジカルシンキングが身につきます。**ロジカルシンキングが身につくと普段から交渉ごとが有利になったり、無駄が減って段取り上手になったりと、いいことづくしです。

そして、ここが本書の最大のポイントですが、誰かに読まれる前提の文章を書くときは、読み手がどう思うかを考えながら文章を書くことが基本です。これは脳の筋トレというよりかは、脳を柔らかくするストレッチのようなもの。

自分目線だけではなく相手目線も意識することが習慣になると、自然と日常生活でも物事を客観的な視点で捉えられるようになるのです。

普段、周囲の人から「あなたは自分のことしか考えない傾向がある」と指摘されている人にとっては、かなり効果のある練習方法だと思います。

まとめ

文章力が向上すれば、ロジカルシンキングができ、物事を俯瞰できるようになり、ダンドリ上手にもなれる

006

年収が上がる！売り上げが伸びる！

文章力を鍛え続けて、年収が会社員時代の10倍に

僕がブログを書きはじめた頃、「いつかこんな文章を書けるようになりたい」と憧れていたカリスマアフィリエイターがいました。

彼はどんなテーマであっても独自の切り口で説明する能力に長けていて、さらに読者をその気にさせる術に熟知されていたので、彼の記事を読んでいると思わず買いたくなってしまうのです。

顔出しをされていない方なのですが僕も含めて根強いファンが多く、年収は軽く、〝億〟を超える方でした。文章術を磨いていく上で彼のブログはなにかと勉強させてもらいました。

さて、そんな憧れの彼とご縁があって食事会でご一緒する機会がありました。

まるで、会ったことがない文通相手とはじめて対面するような気分です。「あれだけ面白い文章を書ける方だから、さぞ魅力的なのだろう」と期待に胸が膨らんでいました。

しかし、僕の淡い期待はすぐに裏切られました。

一言でいえば、あまり社交的ではないタイプ……。

魔法が解けるかのごとくその人に対するイメージが一気に崩れてしまったので、正直会ったことを後悔するほどでした。

勝手に妄想していた自分が100％悪いのですが（笑）。

でも、そのとき改めて文章が持つ力を思い知りました。

僕は当時、話す技術の勉強もはじめていたので、どちらかというとバランス型を目指していましたが、彼は典型的な文章オンリーのタイプ。

普段はあまり人と会わずとも、3日に1回くらい渾身のメルマガを書いて、人の心をしっかり掴むことができる。そして、その一通で何百万、ときに何千万円と稼げるのです。

誰しも真似できるとは言いません。彼は一流国立大学の理系出身者で、とてつもなく頭がいいのでしょう。その才能と時間を文章に集中投下しているからこそできることだと思います。

でも、**人を動かす文章を徹底的に極めると、ベストセラー作家の年収を凌駕するようなお金を手に入れることもできる**、という証です。

それに僕も、彼ほどの文章力はないものの文章をきっかけに独立を決心できましたし、その後はトーク術なども織り交ぜつつも文章力を鍛え続けたことで、会社員時代の年収の10倍を稼げるようになっています。

「今の僕に至るきっかけとなったスキルはなんですか？」と聞かれたら、僕は会計ではなく文章ですと自信を持って言えます。

先ほども書きましたが、**どんな商売をするにしても文章をまったく使わない仕事を探すほうが大変**です。

特に**フリーランス**の人であればかなりダイレクトに影響が出ます。

企業に仕事を発注する場合と違って、フリーランスに仕事を依頼するときは人柄が重視されますから、その人が普段発信している文章は間違いなく判断基準になります。

飲食店などでも使っている素材へのこだわりなどが文章で丁寧に書かれていたら、余計美味しく感じますし、記憶に残りますし、もう一度行きたいと思いますよね。

先日もあるとんかつ屋に入ったら、お客さんでいっぱいの店内のいたるところに店主の手書きのPOPが貼ってあって、使っている豚肉や自家製ソース、岩塩などのこだわりや、お客様に対するおもてなしの言葉などが丁寧に書かれていました。

感心して「すごい手間をかけていらっしゃいますね」と店主に話しかけたら「暇な

だけです」と笑っていましたが、こうした店主の人柄が文章を通じてお客さんに伝わるからこそリピーターが増え、繁盛店になるんだな、と妙に納得してしまいました。

まとめ

フリーランス・個人事業主、飲食店、サービス業……あらゆる職業・商売で、文章が収入に影響する時代。ちょっとずつでいいから磨いていこう

007

できるビジネスパーソンになれる！

企画書、プレゼン、プロジェクト……文章で周りを巻き込める

会社員の人でも文章力を身につければ**上司や部下、取引先などからの評価**は間違いなく上がります。

企画書やプレゼン資料を書く場面は如実に成果が出て、採択率が上がるでしょう。

大きなプロジェクトを動かす場合も、最近はやり取りがほとんど**チャット**ですから、メンバーの士気を保ちつつ、的確に動いてもらうためには文章術が欠かせません。

日頃のメールで相手を思いやる文章を書いていれば周囲から慕われますし、慕われることで協力者が増え、仕事の成果も上がるはずです。

とくにいまの時代は一匹狼よりもいかにチームで協調できるかが重視される時代ですから、**文章による周囲の巻き込み力は絶対的に有利**です。

あとは生産性という観点からも文章は本当に大きな武器です。

複数の会社を経営する僕は、知り合いから「よくそんなマルチタスクができますね」と言われます。**僕がマルチタスクをこなせるのは「いかに文章に仕事をしてもらえるか」を意識しているから**です。

例えば部下の教育を考えても、新しい社員が入るたびに1日かけてマンツーマン指導をすることは効率的ではありません。人を雇いだした頃は僕も時間を無理やりつくって指導していましたが、何回かやっているうちに同じ作業を繰り返していることに気がつき、**教えるべきことをマニュアルとしてまとめた**のです。

もちろん、そのマニュアルを書く作業にはものすごく時間を割きました。人によって職歴や知識、理解度が異なるので、僕基準でマニュアルを書いてしまうとわからない人が出てくるからです。

でもそうやって相手目線でマニュアルを書くことによって、僕は指導の時間をほかの仕事に使えるようになったのです。

まとめ

文章をうまく使いこなせば、上司・部下・取引先からの評価が上がり、マルチタスクや部下育成、チーム作りも円滑になる

□

008

レバレッジがかかり、自由な時間が増える！

あなたがグッスリ寝ている間に、文章が仕事をしてくれる

前項のマニュアルの話に通じることですが、人が使える時間は有限です。

誰かを説得するにせよ、何かを教えるにせよ、マンツーマンで行っている限り、こなせる数に限りがあります。

例えば対面営業が得意なセールスがいるとしましょう。いくら頑張っても1日に回

れる件数は7、8件。でもそのノウハウをセールスレターなどで再現して、しかるべき情報チャネルで発信できれば、セールスレターを書くのに丸1日かけようとも、その後、100件、1000件と毎日営業をかけてくれます。しかも全国津々浦々に。

あなたが家でぐっすり寝ている間にセールスレターが光ファイバー網を縦横無尽に走り回り、猛烈に仕事をしてくれるわけです。

ネットをうまく使うことでレバレッジがかかって、生身の人間には当然できないことが可能になる。これがネットマーケティングのすごさです。

対面営業のときよりは成約率は落ちるでしょうが、接触件数が桁違いに増えるので、トータルの売り上げとしては増えるはずです。

そして本人は自由に使える時間が増えるので、その分を……

- 対面ではないと売りづらい商材のために使う
- 副業をはじめる
- 部下の育成のために使う
- 読書や通学など自己成長の時間にあてる
- 家族と過ごす時間にあてる
- 趣味に没頭する
- 健康維持のために使う

など、あらゆる選択肢が見えてくるわけです。

まとめ

対面だと、どんなに頑張っても1日7、8人。
文章だと、1日1000人、10000人にアプローチすることができる

009

文章は「資産」として残る

同じ時間と労力なら、文章にかけたほうが「コスパ」がいい

レバレッジがかかることを別の言葉で言い換えると、文章は資産として残るとも言えます。先ほどファン・フォロワーは資産になると書きましたが、インターネットのサーバーが存在する限り、文章自体があなたの資産になるのです。

例えば、あなたがグラフィックデザイナーで、イラスト作成アプリの便利な機能を

解説したブログ記事を書いたとします。そのときは反応がいまいちだったとしても、本人が忘れた頃に、「そのブログを見た」という企業から仕事の依頼がくることは決して珍しくありません。

もしブログ記事という形に残すのではなく、新人の後輩に口頭で教えていたとすると、1対1のコミュニケーションで完結するので知識の資産化はされず、レバレッジもかかりません。もしその後輩がすぐに退社して別の業界に転職してしまったら、教えた時間がすべて無駄になります。

つまり、**同じ時間と労力をかけるなら、その成果はその場で消費されるだけではなく、どんどんストックされたほうが間違いなく効率がいい**のです。

これは生産性を上げるときの基本的な考え方ですが、ではどうストックするかといったら、大半は文章なのです（あとはイラスト、音声、動画など）。

僕が最近、本を書くことを優先しているのも、資産やレバレッジという観点でみたときに本は圧倒的に資産価値が高く、将来的に大きなレバレッジがきくのではないかと思っているからです。目先の印税が目的ではありません。

ただし、**資産化するといってもそのとき文章力が乏しいと、期待するレバレッジがかかりません。**

業務手順を解説したマニュアルが理解しづらい文章で書かれていて、ミスが多発しては意味がありませんよね。セールスレターを読んで買う気がまったく起きなければ配信する意味がありません。

文章力はレバレッジがかかるときの係数に比例します。

成果が2倍にとどまるのか、１００倍になるのか？

その結果、どれだけの自由な時間と選択肢が生まれるのか？

それを大きく左右するのが文章なのです。

まとめ

文章は「資産」となり、「富」「成果」を生み出し続ける。その「富」「成果」を大きくできるかどうか左右するのも文章

010

会話が苦手な人でもすぐに取り組める！

口下手でも、文章なら大丈夫

ここで、先ほど紹介したカリスマアフィリエイターの彼に話を戻します。

実際に彼に会ってみて会話力のなさに僕は勝手に驚いたわけですが、彼を見てつくづく思ったのは、文章は、納得いくまで磨き込むことができることが、リアルな対話との最大の違いだ、ということです。

例えば誰かと対話をしているときに相手が予期せぬリアクションをして、しどろもどろになった経験はないでしょうか?

「やばい! ここで気の利いた言葉を返さないとマズイ……」

そう思えば思うほどパニックになり、言葉が出てこなくなる。

でも文章であれば、(それがLINEのようなチャットであっても)即答する必要はないので頭を冷静にして考えることができます。

ようは、文章を書くのに瞬発力はいらないのです。

実は**僕がブログで起業したのも、とにかく人前で話すことが苦手だったから**です。

公認会計士試験の試験勉強をしていた頃はほとんど人と話さず、ひたすら問題集と電卓とテキストと格闘する毎日でした。それを2年間続けたので社会人になっても日常会話すらたどたどしいレベル……。しかも仕事柄、周りの同僚も裏方タイプばかりで、会話力はほとんど磨かれないままでした。

当然、電話はもっと苦手です。オフィスに電話がかかってきたら用もないのにコピー機に向かって「忙しいです」アピールをよくしたものです。

ただ、当時の僕のなかでは、近いうちに起業をして、最終的には人脈を広げて、どんどん営業をして稼ぎたいというイメージを持っていました。

「人前でしゃべれないし、営業をする自信もない。テレアポなんて絶対ムリ。じゃあどうしよう」と迷っていろいろ調べていたときに知ったのが、「文章でモノを売る」というアフィリエイトビジネスだったのです。

「文章が得意なわけじゃないけど、少なくとも文章ベースなら緊張することもないし、なんとかなるかもしれない」

そんな消去法から僕と文章の付き合いははじまりました。

もちろんそこから自分なりに努力をしました。でもやはり対面の営業とは違って、必要以上にストレスを抱えることなく、じっくり自分の文章と向き合える時間があったことはよかったと思います。自分の書いた文章に納得がいかなかったら、そこは自己責任と割り切って睡眠時間を削ればいいだけの話ですから。

しかも、そうやって**文章と向き合っているうちに「相手のことを考える」という、あらゆるコミュニケーションの土台となる考え方を身につけることができました。**

さらに、僕の場合はブログで目に見える成果が出せたことが自信にもつながりました。
「じゃあ次はプレゼン技術に挑戦しよう」
「交渉術も身につけてみよう」
「リアルな人脈をどんどん広げていこう」
といった感じで、挑戦の幅を広げていくことができたのです。

著名なブロガーの方でも、僕のように最初は文章から入って注目を浴びるようになって人との接点が増え、場数を踏んでいるうちに話し上手になるケースは意外と多いと感じます。

逆に言うと、もし僕が苦手なトークから起業を試みていたら、「やっぱり自分には無理か」とあきらめていたかもしれません。

たまたまでしたが、文章術と出会えたことをいまでも感謝しています。

まとめ

文章力を磨けば、コミュニケーションに必要な「相手のことを考える力」も身につき、トーク・プレゼン・交渉スキルも自然とついていく

column 01

こんな文章を書いていませんか？

僕の知り合いでものすごく頭の切れる男性がいます。仕事はバリバリできるし、気配りもできるし、人前で話すのも超上手。

それにもかかわらず、文章を書かせると「あれれ？」と思ってしまうような文章を書きます。どれだけいいことが書いてあっても、文章自体が気になってまったく中身が頭に入ってきません。

彼の場合は句読点の使い方がめちゃくちゃで、通常なら「読点（、）」を入れるところが英語のように空白になっていて、とてつもなく読みづらいのです。

でも、意外とインターネットで一般の人の文章を見ていると、彼と同じような「文章の超基本的なことができていない人」が結構います。

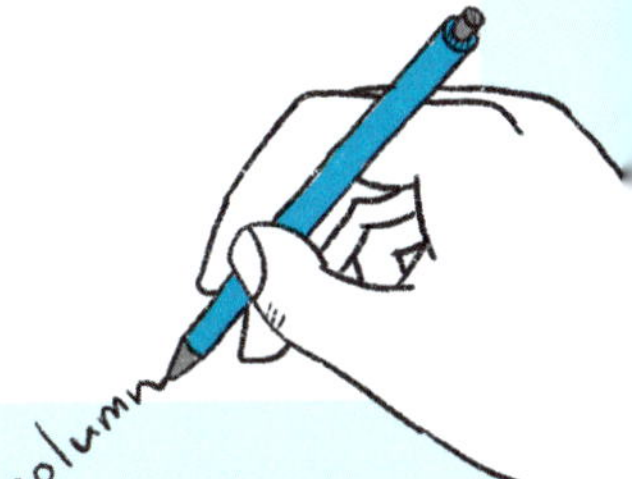

この本では文章を書くときに綺麗な日本語にこだわる必要はないというスタンスに立っていますが、さすがに最低限読めるレベルになっていないとつらいので、ここではよく見かける「あるある失敗例」を列挙してみます。

● 読点（、）のかわりに半角アキ・全角アキ（スペース）を使う

日本語の文章で途中にスペースが入っていると、黙読するときに読点（、）よりも長めの一拍を入れてしまいます。その結果、文章のリズム（流れ）がバラバラに分断されるので、極端に読みづらい文章になります。

● 読点（、）が多すぎる

「私は、今日、公園に、行った」という文章のように、単純に読点が多すぎる人もたくさんいます。頻度については好みもあるでしょうが、さすがに多すぎると流れが悪くなります。

基本的には読点をできるだけ入れずに一回書いてみて、改めて黙読したときに自然と一拍が入るところに入れていくといいでしょう。

もし余裕があるなら、改めて読み返して「ここに一拍入れないと文章の意味がわかりづらくなる（読者が混乱する）」と感じたところにも入れてみましょう。

● まったく改行しない

改行についても明確なルールはありませんし、好みの問題もあります。ただ、明らかに話が変わっているのに改行しないのは読み手に対して不親切です。

たまにパソコンからLINEを送ってくる人で「Enterキーを押すと送信してしまうから」と言って長文をひとかたまりで送ってくる人がいますが、本当に読みづらいので勘弁してください（笑）。

Shiftキーを押しながらEnterキーを押せば改行できます（もしくはアプリの設定でAlt＋Enterを押さないと送信できないようにも変えられます。参考まで！）。

● 一文がやたらと長い

一文が長くなればなるほど読みづらい文章になると心得ましょう。

文章術の本を読むと「一文の長さは40文字くらいに収めよう」といったことがよく

書かれています（この本の1行分で38文字です）。

もちろん、これはあくまでも目安です。すんなり内容が頭に入ってくる自信があるなら多少長くても構いません。

ただ、そうした自信がないなら、「1文1メッセージ」を意識しながら文章をどんどん切り、接続詞を使ってノリ付けしていきましょう。

とくに、「～だが」が癖になっている人は、一文が長くなりやすいので注意です。「～だが」のところで、いったん文章を切ることができないか考えてみてください。

初級編

伝わる文章を書く

第2章

□

011

なにはともあれ「読まれない壁」を突破する

一番いい文章とは、「相手が読みたくなる」文章

「一番いい文章とはどんな文章か？」

僕は基本的に「相手が読みたい文章」だと思っています。ただ、定義は人によって異なるでしょう。

では逆に「一番悪い文章とはどんな文章か？」と問われれば、それは「読まれない文章である」ということで意見が一致しそうです。

あなたが、どんなにいいことを文章に書いたとしても、読まれなければ理解されず、理解されなければ信じてもらうことができず、信じてもらえなければ行動を起こしてもらえません。

僕がかつてマーケティング関連の書籍を読み漁っていたときに知り、文章に対する考え方が変わり、いまだに原稿を書くときに忘れたことがない言葉があります。それは広告コピーの大家であるジョセフ・シュガーマンが残した次の名言です。

「第1行目の最大の目的は第2行目を読ませること。第2行目の最大の目的は第3行目以降を読ませること」

ようは、読者が「続きを読みたい」と思ってもらえる文章を書きましょう、ということです。

本来はコピーライティングの極意として書かれたことですが、人に読んでもらう前提の文章であれば、ＳＮＳの投稿であろうとブログ記事であろうとビジネスメールであろうと、どんな種類の文章でもあてはまると思っています。

とくに今の時代は、文字情報が溢れていて、長文を読んでもらうハードルは上がる一方です。

インターネット上で日々大量生産されている多くの文章は、「人に読んでもらう」というスタート地点に立つことすらなく、世界のどこかのハードディスクのなかで眠っています。

この事実をしっかり直視することが、実は文章術の第一歩なのかもしれません。

コンテンツにこだわることはもちろん大事です。でも、それ以前に**「どうやったらこの文章が読まれるのか？」**ということにももっと意識を向けて、「読まれない」という大きな壁を突破していきましょう。

先日、タクシーに乗ったら「痩せたいなら読まないでください」というコピーが書かれたチラシが入っていました。「えっ？　どういうこと？」と思いますよね。普段、タクシーではスマホで仕事をする僕も思わず手にとって読んでしまいました。

これは意外性を使った読ませるテクニックの例ですが、こうした工夫が大事だということ。そしてそれは読者の気持ちを想像してみないと考えられません（このあたりについては4章で詳しく説明します）。

言い方を変えると、人に読まれない文章というのはただの自己満足の文章であり、ひたすら自己目線で書かれたものがほとんどです。

日記だったらそれでもいいのです。でも、自分の書く文章で影響力を行使したいと本気で思っているなら、そうした姿勢はいますぐ改める必要があるでしょう。

上司に送る報告メールをとってみても、シュガーマンの言葉を覚えていれば、伝わりやすさはまったく変わります。

1行目が大事なのですから、真っ先に変化が出るのは件名ですね。

「8月営業報告」とただ事務的に書いてある件名では、メールの山に埋没するかもしれません。でも、**「8月営業報告：売り上げは先月比1・5倍に」**とサブタイトルまで書いてあったら、どれだけ忙しい上司でも「おっ、早く読なきゃ」と思うでしょう。

もちろん決まったフォーマットで書かないといけない場面もあるでしょうが、僕が言いたいことはご理解いただけたかと思います。

情報を受け取る立場に立ってみて、「果たしてこの文章を読みたい、読み続けたいと思うだろうか？」と自問する癖をつけましょう。

まとめ

自分が読者だったら「続きが読みたくなるか」を意識して、1行目を書いてみよう

012

難しいことをやさしく

「想定読者」と「目的」に合わせて、言葉を使う

何か新しいことを学ぼうと思って、専門家が書いた本やブログを読み始めたら、知らない用語がたくさん出てきてモチベーションが萎《な》えてしまった……。

そんな経験はありませんか?

僕もブログや本を書くとき、専門用語の扱いはいつも気にしています。

専門用語を使うことで、その領域に詳しい人（＝業界人）に対して「同じ言語を話していますよ。仲間ですよ。信用してくださいね」とアピールすることはできます。

その一方で、入門者は「なんだか不親切な文章だな」と感じてしまいますよね。とはいえ、くだけた感じで書きすぎると今度は専門性の高い知識を求めている読者が物足りなさを感じるでしょう。

そのバランスをどうするか？

結局のところ**「誰のために、何の目的で書いているのか？」**という設定がしっかりできているかどうかに話はつきます。

学術論文や専門誌への寄稿のように自分の専門性をアピールすることで業界のなかでの地位を上げることが目的であれば、専門用語を使いながら「賢い文章」を書くほうが目的を達成しやすいでしょう。

でも、自分の知識や経験を世の中に広めることが目的であれば、できるだけ簡単な言葉に置き換えて、読者がつまずきそうな場所はしっかり補足説明を入れるなりして、中学生でも読めるくらいのわかりやすさに「落としていく」ことを意識すべきです。

硬い文体と難しい言葉を使って、賢さをアピールしたい気持ちはわからなくはありません。でも、難解なことを難しい言葉で伝えるという行為は、本人からすれば日常的なことですから、実は誰でもできることです。

本当に難しいのは、メッセージの質を保ったまま、簡単な言葉に置き換えることです。

国際問題などでも子どもにわかりやすく解説できる池上彰さんなどは、その領域の神と言えるでしょう。ジャーナリストはたくさんいますが、それを世間の人に伝える能力に長けているジャーナリストという意味では日本で唯一無二の存在。だからテレビ出演や出版の引き合いが絶えないのです。

簡単な言葉に置き換えていくときに、すぐにできる心構えとしては、「不要なカタカナ用語を減らしてみる」というものがあります。

例えば、ここに2つの文章があります。

Before

「当校ではアダプティブラーニングを実践しています」
「当校では個々の生徒に合わせた最適化教育を実践しています」

前者は教育関係者向けの文章ならアリですが、一般の主婦向けにはアウトです。では、後者の文章を使ったら教育関係者が違和感を覚えるのかといったら、そうではないですよね。頭の中で「あ、アダプティブラーニングをやっているんだ」と変換されるだけです。

インターネットのキーワード検索で引っかかることを意識して、文章の中でどうしてもアダプティブラーニングという言葉を使いたいのであれば、次のように書けばいいだけです。

After

「当校では個々の生徒に合わせた最適化教育（アダプティブラーニング）を実践しています」

ちなみにこの節の冒頭で、僕は「モチベーション」という言葉を使いました。それを実際に書いたとき、「動機」と書くべきか、３秒くらい迷っています。

結果的に「モチベーション」を選びましたが、そのときの僕の判断基準は「（想定読者は）どちらの言葉のほうを普段よく使うか？」です。この場合はモチベーションという言葉のほうが浸透しているだろうと判断したので、カタカナ用語をそのまま使っています。

まとめ

文章を書く前に、「誰のために？」「何のために？」を確認する。
メッセージの質を保ったまま、なるべく簡単な言葉に置き換える

013

最重要メッセージを決め、何度も繰り返す

「1記事1メッセージ」が、記憶に残る文章の基本

何か長文でメッセージを確実に伝えたいと思った場合は、ぜひ頭の中で「幕の内弁当」と「唐揚げ弁当」をイメージしてみてください。

幕の内弁当は一見すると豪華ですし、食べているときの満足感もありますよね。でも翌日になると、どんなおかずがあって、それぞれどんな味がしたのか、あまり印象に残っていません。

一方で唐揚げ弁当は、多少しつこいなと思うこともあるでしょうが、翌日になっても記憶は鮮明に残っているはずです。味覚もなんとなく再現できるでしょう。

文章でもそうで、**幕の内弁当のようにメッセージを詰め込みすぎた文章を書くと、読み手の頭に残りません。**

ここでいう「頭に残らない」とは、「情報量が多くて短期記憶に収まりきらない」という意味と、「読者の意識を一点に集中させられず、強いインパクトを与えられない」という2つの意味があります。

「なんか面白かったけど、何を言いたいかよくわからなかった……」では、読者の考え方や行動を変えられるわけがありません。読者の立場になってみて、「果たしてこの文章で言いたいことがちゃんと記憶に残るのか?」と考えてみましょう。

確実に伝えるには「唐揚げ弁当」が理想なのです。

文章の基本として**「1記事1メッセージ」**と言われるのも、結局、メインの食材にフォーカスしましょう、という意味です。

普通に文章を書いているとどうしてもあれこれ書きたくなってしまうものなので、意識的にメッセージを絞りましょう。例えば文章を書き出す前に「この記事（投稿）で伝えたいこと」をいったん書き出して、リストを眺めながら最重要メッセージを決める方法でもいいでしょう。

そこで後ろ髪を引かれる思いがしたら、「別の機会に書く！」と自分に言い聞かせると効果的です。

結果的にそのほうが読み手の理解度が上がりますし、書き手も書きやすくなるのです。

さて、最重要メッセージを絞り込む覚悟ができたら、あとは**「読者の印象に残す」**ことを徹底しないといけません。

ここではすぐに使えるテクニックを2つ紹介します。

①繰り返し

読者はあなたの書いた文章を読むとき、必ずしも全神経を集中しているわけではありません。最初から流し読みしようとする人もいれば、ソファでゴロゴロしながら集中力散漫の状態で読む人も当然います。

そこで確実に読者の印象に刻むには、やはり「繰り返し」が効きます。多少しつこすぎるかなと思うくらいが適量だったりします。

社会心理学者のウィルソンの実験によると、民事裁判において弁護士が被告が無罪であるという言葉を繰り返さないときと3回繰り返したときでは説得力が46%も向上したそうです。

よく「結論は先に書け」という話がありますが、それは報告書などの事実伝達の話。メッセージを本当に念押ししたいなら

「結論は、最初と中盤と最後に書け」

くらいの心構えで臨みましょう。

特に**最初と最後の一文は印象に残りやすいので、「結論、説明、また結論」という構成がおすすめ**です。

ただし、一字一句同じ表現を使っているとあきられるケースもあります。

何か面白い標語を思いついて、標語自体を覚えてもらいたいならあえてワンパターンを繰り返すのも有効ですが、基本的には少しずつ表現を変えてみるといいでしょう。

②強調表現

繰り返しとの合わせ技で使いたいのが、重要なメッセージを伝える一文を周囲の文章から際立たせることです。

たとえば、

- **ここは重要なポイントなのですが**
- **結論を言いましょう**
- **いろいろ書きましたが、僕が言いたいことはこれです**

このように「いまから重要なことを言いますよ」と宣言して、読者の意識を瞬間的に文章に向けさせてもいいわけです。普段、スタイリッシュな文章を書かれている方からすると稚拙に見えるかもしれませんが、メッセージを確実に伝えることを優先するならどんどん使いましょう。

視覚的な仕掛けも重要です。

例えば**重要な一文の前後に（改行を入れて）空白を作ったり、フォントを変えたりして視覚的に目立たせる**ことなどは超基本テクニックです。

ちなみにフォントを変えたり太字にしたりする前提で文章を書くと、必然的に重要なメッセージをコンパクトにおさめようという考えが出てきます。

とにかく、重要なメッセージを書く段階になったら、「いかにこの一文が流し読みされないか？」ということを意識してみましょう。「読んでくれ！」と読者任せにするのではなく、読まれるための工夫をどんどんしていくことが重要なのです。

まとめ

「幕の内弁当」のような文章では、読者の頭に残らない。
「唐揚げ弁当」のようにメッセージを1つに絞ろう

□

014

「抽象」と「具体」を行き来する

読者を脱落させないように、「具体例」をこまめに入れる

文章術やロジカルシンキングの本を読むと、必ずといっていいほど「抽象論を書いたら具体例で補足していくことでわかりやすい文章になる」ということが書かれています。これは文章を書く上での鉄則ですよね。

誰もが同意するでしょうから、ここでは「抽象と具体を行き来するメリット」について、もう少し深く掘り下げてみたいと思います。

僕の頭の中では、抽象論を語ったあとに具体例を差し込む行為は、学校の授業にたとえると教科書でひとつの単元が終わるたびに行う小テストのようなものだと思っています。

小テストがなんのためにあるかというと、生徒の理解度を確認するためですね。でも、理解度を確認したいなら別に1年に一回でもいいはずです。わざわざこまめにやる理由は何かというと、脱落者をなくすためです。

例えば数学のXの概念でつまずいたら、1次方程式も2次方程式も微分積分もまったくついていけなくなるでしょう。それを防ぐために先生はこまめに生徒の理解度を確認して、手遅れになるまえに補習などの対策を打てるようにするのです。

文章を書く上でも、この小テストの概念は大事だと思っています。

教えた内容を読者がすぐに応用してくれるかどうかはわかりません。しかし、少なくとも理解するかしないかの次元で読者を脱落させてしまうのは、書き手の怠慢と言っていいでしょう。生徒に対して無関心で、ひたすら黒板にひとりごとをいうような先生にならないように気をつけましょう。

ただ、教科書と違ってブログや本に練習問題をつけるわけにもいきません。

まあ、やろうと思えばできますし、そういう本もあります。でも、実際に読者がやるかといったらまずやりませんよね。


そこで役に立つのが具体例なのです。

抽象論で伝えたいことの骨格を教え、それを具体的なエピソードで補完していく。

それによって抽象論を読んだときに理解が追いつかなかった人が「なるほど。そういうことか」と思ってもらえるわけですし、抽象論の時点で話を理解できた人にとっては、「そうだよね」と理解度の確認と復習ができます。


とはいえ、抽象論があったら必ずしも具体例をセットにすべきかというと、僕はそうは思いません。

たとえば海外のビジネス書を読んだことがある人はおわかりでしょうが、やたらと冗長で分厚いですよね。あれは海外のビジネス書では具体的なエピソードを中心に書くことが標準になっているからです。「そのほうが好き」という人も当然いるでしょうが、「話のテンポが遅すぎて最後まで読めない！」という人のほうが多いのではないでしょうか。少なくとも僕はそうです。

だから僕が本やブログ記事などを書くときは、先に抽象論をざっと書いてしまってから読者がつまずきそうな場所に具体的な例を足していく方法をよく使います。

登山に例えれば、本やセールスレターの最終目的は読者を山頂に送り届けることですから、最初に大事なのはロジックの積み上げ方であり、話の流れです。これは「登山ルートの選定」と考えればいいでしょう。

それを決めてから、難所だと思われるところに具体例というハシゴをかけていくイメージです。

まとめ

伝えたいメッセージを読者に理解してもらうために、「具体的なエピソード」が大いに役立つ

015

読者の読解力に依存しない

「伝わる文章」を書くための4つのテクニック

具体例を入れること以外にも、言いたいことを読者に確実に伝えるためのテクニックはいろいろあります。

結局、他人に伝わりづらい文章ばかり書く人に共通するのは、自分本位で文章を書いてしまって読者の読解力のことなど気にしていないことです。

伝わる文章を書くことは、読者の読解力に頼らない文章を書くことと同義です。使えるテクニックはすべて使うくらいの心構えで文章を書きましょう。
僕がよく使うものを4つ紹介します。

①カッコを使った強調

この本でも多用しているように、大事なキーワードに「かっこ」をつけていくことです。〝これ〟を使う人もいれば、【これ】を使う人もいますが、目的は同じ。**周囲の文章から特定の言葉を際立たせることで、「あ、これは大事な言葉なんだ」と直感的に理解してもらうため**です。

もし文章全体が重要であれば太字で書けばいいだけの話です。しかし、文章を書いていると、話の過程で「ロジックの積み上げ」などが必要になって、読者に読解力が求められる場面がよくあります。

つまり、太字にするほどではないけれども、集中して読んでほしい場面。そんなときによく使います。

会話や心情描写でもない箇所にカッコをすることがはたして国語的に正しいのかどうか知りません。ただ、この本で目指すのは人を動かす文章であり、その前提として人に伝わる文章を書かないといけません。

「補助輪付きの自転車なんて格好悪い」と思うのではなく、「補助輪をつけられるならどんどんつける」という発想が重要です。

②別の表現に言い換える

一応丁寧に説明したつもりでも、もしかしたら理解できない人がいるかもしれない。

でも、具体例を入れずに話をテンポよく進めたい。

そんなときに便利なのが、言葉の言い換えや要約です。

- **ようは**
- **つまり**
- **言い換えると**

といった言葉で、改めて簡潔に説明し直すことで、読者の理解度を促進できます。

③文章全体の「空白」を増やす

文章自体のわかりやすさだけではなく、読者がその文章全体をはじめて見たときに「読みやすそう」と思ってもらえるかもかなり重要だと思っています。

そのポイントになるのは空白です。

最近書店に並ぶ本を見ていても、意図的に空白を多くした本が目立つようになっている気がします。これも読者が本屋でパラパラとページをめくったときに「この本なら読めるかな」と思ってもらうためなのでしょう。

空白を増やす方法はいくつかあります。

- **こまめに改行する**
- **話が大きく変わるときは1行空ける**
- **ページ四隅の余白をしっかりとる**

そうかといって一部のブログやメルマガで見かけられる、改行と空白だらけの文章だと逆に読みづらくなる場合もあるので、何事もバランスが重要だと思います。これは私の肌感覚ですが、ページを開いたときに3割くらいの余白があったほうが読者は抵抗なく読める気がしています。

④箇条書き

読解力を補助するもうひとつのテクニックは「箇条書き」です。

ビジネス文章でもよく使いますよね。

例えば視察に行ってその結果を上司に報告するときに、気づいたことをひたすら文章ベースで書くよりも、要点が箇条書きされていて、そのあとにそれぞれの詳細が続くフォーマットのほうが、はるかに読みやすくメッセージが伝わります。

箇条書きとは文章のなかで気軽に使える図解のようなものです。

伝えたいことが視覚的に目立ちますし、無駄を省いた状態なので読み手の頭にもすんなり入ってきます。同時に、書いている自分の思考を整理するいいきっかけにもなるので、どんどん使っていきましょう。

ということで、箇条書きのメリットを箇条書きにしてみました。

- **伝えたいこと（要点）が際立つ**
- **読み手の頭にすんなり入ってくる**
- **書き手の思考が整理される**

いかがでしょう。伝えたいことが伝わりましたか？

まとめ

「強調」「言い換え」「空白」「箇条書き」。文章を読みやすくするために、さまざまなテクニックを駆使しよう

016

「接続詞」を使いこなす

接続詞＝「読者にとっての道しるべ」

逆接、順接など、いろいろな種類がある接続詞。

あなたはどれくらい意識して使っていますか？

文章術の本を読んでいると、「接続詞が少ない文章のほうが綺麗で読みやすい」といったことがよく書かれています。それを真に受けたのか、接続詞がほとんどない、非常に読みづらい文章をたまに見かけます。

接続詞を減らそうという話は、どちらかというと洗練された文章を書きたい上級者向けの話です。

接続詞はしばしば「読者にとっての道しるべ」という表現がされるように、「文章同士の関係やつながり」を表すものです。どんな文章も基本的に論理の積み上げでできていて、接続詞はその論理を示す記号です。

例えば、「彼はラーメンが好きだ。しかし……」と書いてあれば、「あ、普通のラーメン好きの人とは違う何かがあるんだろうと想像できます。「次はこっちにいきますからね！」と宣言するわけですから、読み手の読解力に依存しなくてもすんなり伝わる文章になります。

そもそも、接続詞を入れる目的は何かといったら、「内容をわかりやすくするため」です。では、接続詞を減らす目的は何かといったら、「スムーズに読みやすくするため」です。

優先すべきは前者でしょう。スムーズに読めても、理解できなかったら意味がありません。

ですから、**慣れないうちは「正しい接続詞を使っているのか?」という超基本に気をつけながら、積極的に接続詞を使っていい**と思います。

そして、最後の最後で、「これをとっても読み手は混乱しない」と自信を持っていえる箇所だけ外していくくらいが丁度いいと思います。

まとめ

慣れないうちは、接続詞をどんどん使おう。
慣れてきたら、読者を混乱させない程度に接続詞を減らしていこう

column 02

文章の質は「推敲《すいこう》」で決まる！

あなたが普段文章を書くとき、いきなり完璧な文章を書こうとしていないでしょうか？　そして一箇所で行き詰まって、時間だけが無情に経過してしまった経験はないでしょうか？

文章を書きなれていない人ほど、この大きな罠に捕まってしまいます。そしてときに「自分には文才がない」と自信をなくしてしまうのです。

完璧な文章が一度で完成することはありません。文章の質は「推敲《すいこう》」をするときに高めていくものです。しかもその推敲は一回では終わりません。時間が許す限り何度も行います。世の中で優れた文章を書く人は、推敲を重ねれば重ねるほど、文章の完成度が高まることを知っています。

文章で生計を立てるわけではないという人でも、ブログ記事のような長文を書く場

合は、間違っても、推敲をかけていない文章を投稿することは避けましょう。

推敲のコツは、ずばり視点を変えることです。

ここでは文章の質を高めるのに欠かせない「推敲時の視点」をいくつか紹介しましょう。

●「校正者」の視点で読む

校正者とは文中の誤字脱字やロジックの整合性、紹介されているデータの裏付けなどを行うプロのことです。これが世間でいわれる推敲のイメージかもしれません。普段のビジネスメールなどでも、せめて誤字脱字のチェックはしましょう。

●「読者」の視点で読む

文章で人を動かしたいのであればここが一番重要です。原稿書きに集中しているときはどうしても自分本位の文章を書きがちなので、いったん文章を書いたあとに自分が想定読者になりきって改めて読むと、改善ポイントが面白いように出てきます。

もし想定読者が複数いるなら「今回は主婦目線で」「今回は若者目線で」といったように、面倒でもそれぞれの視点ですべて読むことが重要です。一緒にやろうとするとヌケが増えます。

●「環境」を変えて読む

意識的に環境を変えて文章を読み返すと、新しい視点から読めて、いままで気がつかなかったことに気づけたりすることがよくあります。

例えば、夜に書いた文章を翌日の早朝に読む。ワードで書いた文章をA4に出力して読む。パソコンで書いた文章をスマホで読む。書斎で書いた文章を喫茶店で読む。方法はいろいろあります。

特に午前中は脳の雑念が少ないので、文章の磨き上げには最高の時間です。

第3章

中級編
共感される文章を書く

□

017

「私は」を「あなたは」に変えてみる

「スポットライト」を向けると、自分ごととして読んでくれる

文章を通じて誰かを説得したり、行動を促したりしたいのであれば、読み手にはできるだけ当事者意識を持って読んでもらわないといけません。

そうかといって気合いが入りすぎて「プレゼンっぽい文章」や「説教くさい文章」を書いてしまうと、大半の読み手は素直に読んでくれません。

あなたが何かを熱心に教えようとすればするほど、読者は斜に構えてあなたの説教

を聞くようになると心得ましょう。

では、そんな斜めを向いた読者に文章とまっすぐ向き合ってもらって、「うんうん、そうだよね」と共感してもらうにはどうしたらいいのでしょうか？

一番簡単な方法は、随所随所で「あなた」という言葉を差し込んでいくことです。もしくは「私は」と書いてしまったところを、「あなたは」に変えてみるのもいいでしょう。

たったそれだけで、**文章のスポットライトが読み手に当たることになり、「自分ごと」として文章を読んでくれる**ようになります。

営業トークでも、普通のセールスは商品の魅力を伝えたい一心で、「私は」「当社は」「この製品は」といった具合に、ついつい主語が「自分」になってしまいます。

以前、洋服を買いに行ったときに上手だなと思った販売員さんがいたのですが、その方は「私が金川さんだったらそれ絶対選びますよ！」という言い方をされました。そう言われると「あ、欲しいかも」と少し思いますよね。

ありがちな「これおすすめですよ」「私なら絶対買います」だと、あまり買う気はそそられません。自分や商品にスポットライトを当てながら、必死にアピールしているだけで、お客さんの感情が無視されているからです。

と、こう書くと「なるほどな」と思っていただけるはずですが、実際に文章を書く段階になると、よほど意識しない限りスポットライトは自分に向いてしまうはずです。自分に何度強く言い聞かせても、平気で忘れるのが「相手目線」なのです。

機会があれば、あなたがかつて誰かを説得するために書いた文章（セールスレターなりラブレターなど）を読み返してみてください。きっとスポットライトの9割くらいは自分に当たっているはずです。

「うわぁー、なんか必死に自分語りしてるなぁ……（恥）」と感じるかもしれません。

スポットライトを自分に当ててしまうのはある意味自然なことです。

なぜなら、自分のことであれば、あまり脳に負担をかけずに「スラスラ書ける」から。平凡なセールスが商品説明のときだけやたら熱く語ってしまうのも、「スラスラ語れて楽だから」です。

でもトップセールスになってくると、自分語りに終始する人はいませんよね。

スポットライトを常に顧客に向けながら情報を聞き出し、潜在的ニーズを探り、商品に対する興味を喚起しようとつとめます。そのとき、自分語りはスパイス的にしか使いません。

これと同じようなことを文章でもしたいのです。

例えば、読書習慣の重要性について訴えたいとしましょう。
主語を一人称のままで書くとこんな感じでしょうか。

Before

僕は1カ月に最低10冊本を読みます。本が素晴らしいのは、その著者が何十年分もかけてたどり着いた本質的な解答を数時間で学ぶことができる点です。僕は今後も本を読み続けることで、夢の実現に向かってブーストをかけていきます。

悪くはないものの、なんとなく独り言をブツブツ言っている印象もあります。そこで「あなた」を入れてみました。

After

あなたは月に何冊本を読みますか？　本が素晴らしいのは、その著者が何十年分もかけてたどり着いた本質的な解答を数時間で学ぶことができる点です。もし、あなたに本当に成し遂げたい夢があるなら、読書はきっとその実現に向けてブーストをかけてくれるでしょう。ちなみに僕には大きな夢があるので、1カ月に最低10冊本を読むようにしています。

自分の意識を読み手に向ける行為は決して簡単ではありませんが、「あなたは」と書いてみることは誰でもできます。

そしていざ「あなたは」と書いた時点で、意識は勝手に読み手に向きます。そして読み手を意識しながら書くからこそ、読み手は「自分のために書かれた文章だ」と感じるわけです。

ちなみに僕はこのテクニックを、1行目を書き出すときに使うこともあれば、文章を推敲するときに使うこともあります。

1行目で使うときは、明らかに「筆が乗らない」と感じたとき。

「何から書こう」と悩みだしたら、とりあえず「あなたは」と書いてしまう。するとアイデアがいろいろ湧いてきます。これは文章を書くことにまだ慣れていない方にはオススメです。

推敲するときに使うのは、逆に筆が乗っているときです。

なぜかよくわからないけどサクサク文章が書けるときは、たいてい自分語りばかりになるケースが多いので、勢いに任せて一気に書いてから、あとで意識的に間引いていく（ライトの向きを180度変えていく）イメージです。

まとめ

「あなたは」と書いた時点で、意識が勝手に読者に向く。読者も「自分のために書かれた文章」だと感じてくれる

018

いったん読者と「目線」を合わせる

読者の共感を呼び、モチベーションを高める効果がある

プロのアスリートや著名人が子どもたちの前で話をするとき、「僕が君たちの年ごろの頃は、ぜんぜん下手だったよ」といったセリフをよく口にしますよね。

セミナー講師も自分のダメだった頃の話から入ることが多いですし、世の中で面倒見のいい上司と言われている人たちも部下に対して「自分も新人の頃はいつも上司に怒られてさ」といった話をよくします。

何かを教えるときのお約束といってもいいくらいです。

これは文章でもぜひ心がけたいことで、あなたが何かの分野で突出した実績があり、そのノウハウや心構えを文章で伝えたいなら、いったん読み手のレベル感まで下りてくる一手間が欠かせません。

僕はこれを「目線合わせ」と呼んでいて、**自分や仲間の文章をチェックするときに真っ先に確認することのひとつ**です。

「憧れの存在なんだから、ドンと構えていればいいじゃないか」という意見もあるかもしれません。しかし、一見するとオマケにすら見えるこのセリフがあるのとないのとでは大違いです。

大半の人にとって「雲の上の人」の声は「どうせこの人だからできるんでしょ?」と思われやすいので、素直に聞き入れてもらいにくいのです。それを防ぐためには、いったん雲の上から降りてきて、読者の横に立つことが欠かせません。

わかりやすい例が、事業で成功した人が書いたビジネス書です。

人生の参考になることがぎっしり書いてあるにもかかわらず、レビュー欄を見ると低評価が見かけられる本は、大抵、この「目線合わせ」をまったくしていないか、もしくは不足しています。

そうした本の批判的なコメントを読むと、案の定「あまり参考にならなかった。この著者は東大卒とあるから、頭の出来からして違うのだろう」といったことが書かれています。

自己啓発系の文章の目的は、読者を「上のステージ」(読者にとっての理想像)へと引き上げることですから、ある程度「上から目線」になってしまうのは仕方がありません。しかし、読者から見たその「上のステージ」と、読者の置かれている「今のステージ」とのギャップがあまりに大きく、かつ、そのギャップを埋めていける現実的なイメージが湧かないと、多くの人は思考を停止してしまうのです。

個人的にはそういったコメントを見るたびに「もっと素直に読めばいいのに」とは思いますが、当の本人の思考回路（あきらめやコンプレックスなど）はなかなか変えられません。

ひとりでも多くの人に有益な情報を伝えたいと思うのであれば、書き手側が歩み寄ることが大事だと思っています。

思考停止を防ぐためにできる対策は2つあって、ひとつは「上のステージ」の基準値を下げて「それくらいだったらできるかも」と思わせること。

そしてもうひとつは、いったん読み手と目線を合わせることで、「この著者は理想と現実の大きなギャップを実際に埋めたんだ。人ってそんなに成長できるんだ」と思ってもらうことです。

読者のモチベーションを高めるという意味で大きな効果があります。

お気づきでしょうが、この本では僕が副業としてブログを書き始めた頃の話を「はじめに」で紹介しています。

これもまさに目線合わせのためで、「もともとこの著者は文章が得意だったんじゃないの？」という半信半疑の状態のまま読み進めていただきたくないので、あえて書いています。

発信した情報を「自分ごととして受け入れてもらう」ためには、まずは読み手の心を開くことが大前提。

編集者さんから「ワンパターンだね」と言われようが、僕は今後も「出だしで目線合わせ」という構成を繰り返していくことでしょう。

まとめ

読者に「自分ごと」として受け入れてもらうために、文章をチェックするときに「目線合わせ」をしよう

019

読者を絞る＝読者を捨てる

「全員に好かれる文章」を目指さない

僕たちが日常生活で書く文章の多くは、読者の顔が見えています。LINEスレッドであれば家族や友人や仕事仲間ですし、メールであれば1対1なので迷いようがありません。しかし、これがメルマガ、セールスレター、ブログ、SNSなどに書く文章となるとどうでしょう？

あなたが文章を書くとき、読者の顔ははっきり見えていますか？

「見えている」と自信を持って言える方は、すでに「いい文章」をある程度書かれているると想像できます。相手の立場に立った文章を書くことが「共感を生む文章」の超基本だからです。

逆に「まったく見えていない」という方は、**「読み手を想像しながら書く」というちょっとした心がけで、今の文章が飛躍的に向上する**余地があります。

家電製品であろうがアプリであろうがコンテンツであろうが、どんな商品を作るときも最初はラフな企画から入ります。

その初期の企画書でもっとも大事な項目は「誰に何を届けるか」です。

これは文章でも同じです。

例えば本を作るときは、たいてい出版社さんから「こんなテーマで本を出しませんか？」という打診がきます。

そこでまずは企画会議をするわけですが、僕が真っ先に議題にあげるのは「想定読者」です。編集者さんの用意した企画書に想定読者が書かれていたとしても、改めて議論します。それが決まったら、「想定読者の興味をもっとも引く切り口は何か？」を必死に考えます。

最終的には「誰に何を届けるか」の両方を固めることになりますが、実際に考えるときは「誰に届けるか」が先で、「何を届けるか」を後に考えるケースがほとんどです。

それくらい**「誰に」というのは重要項目**で、ここがブレたまま納得のいく本を書けたことは一度もありません。

結局、読み手の姿がイメージできていない状態では

「どんな言葉を使ったら心に響くのか？」

「どんな話の展開をすれば納得感が高まるのか？」

「どれくらいのレベル感で書けば理解してもらえるのか？」

といった疑問すら湧いてきません。

そんな状態で文章（とくに長文）を書いてしまうと、「いったいこの文章は誰に向けて書いているんだ？」という印象を読み手に与えてしまいます。

これで共感を得られるわけがありません。

例えば「勉強法」というテーマで何かを書くとしましょう。

想定読者が経営者や管理職であれば「いかに部下に勉強をさせるか?」とか「40、50代からの勉強術」といった切り口が共感されそうですし、学生相手であれば「時間コスパのいい勉強法」とか「三日坊主の人でも絶対に続けられる勉強法」といった切り口がウケそうです。

先ほど、「文章を書くときはスポットライトを読者に向けよう」と書きましたが、想定読者がイメージできていないとそもそもスポットライトの当て先がわかりません。

ここで少し難しいのが「想定読者をどこまで絞るか?」というサジ加減です。

出版の企画会議でよく議論が白熱するのは、「幅広い層に届けるべきだ」という意見と、「ピンポイントの層に確実に届けるべきだ」という意見です。あなたが仮に会社でセールスレターを書かないといけないときも同じような葛藤があるでしょう。僕もブログを書きはじめた頃は、しょっちゅう悩んでいました。

「売り上げを伸ばしたい!」という気持ちが先走って、どうしても想定読者をやたらと広げたくなってしまうのです。

しかし、大風呂敷を広げるほど読者の心は動かしにくくなります。

これは僕の経験則からも言える、鉄板の法則です。

ですから慣れないうちは想定読者を絞りましょう。

そもそも「共感を得る」とは「全員に好かれる」という意味ではありません。複数の層に共感してほしいのであれば、**確実にひとつの層に刺さる文章を複数書けばいい**のです。

「今回はこの層でいく！」と決め打ちすることは、逆に言えば「今回は他の層を捨てる」ということです。

それには多少の勇気がいりますが、それくらいのメリハリがないと、今の時代、「私のために書かれた文章だ」と感じてもらうことは難しいのです。

まとめ

「読み手を想像しながら書く」というちょっとした心がけで文章力は驚くほど向上する

020

想定読者の「リアル」を知る

「身の回りにいる人」を、想定読者に設定する

想定読者がある程度絞れたとして、次にやるべきことはその想定読者のイメージをできるだけ鮮明にすることです。

例えば20代の働く女性を想定読者にするなら、その人たちが普段どんなライフスタイルを送っていて、どんなことに価値を感じていて、どんな夢を持っていて、どんな悩みを抱えているのかといったことまで、できるだけ掘り下げていきましょう。

マーケティング用語でいう**「ペルソナの設定」**です。

多少難易度の高い話になりますが、やはり読者の姿を明確にイメージできていないと、「狙って共感を得る」ということは相当難しく、影響力もあまり与えられません。

例えば元祖YouTuberのHIKAKIN（ヒカキン）さんは、自分の視聴者について次のようなコメントを残しています。

「僕のファンって小学生や中学生がメインで、すごく若いんですよ。（中略）なので、コンテンツの題材としてアルコール類はやっていません。家族みんなでご飯を食べながらでも見ることのできるコンテンツをやっていきたいと思っているので、下ネタも言いません。（中略）教育番組とまでは言わないけど、中高生にとっての身近なヒーローというか、距離感は近くありたいと思っています。」（2015年1月10日「ハフポスト／目指すは中高生の身近なヒーロー」より）

一見自由に振る舞っているようにみえるYouTuberも、実はしっかりマーケティングをしているということです。自分のファン層のことをしっかり理解しているからこそ、熱狂的なファンが増え、今のポジションを確立できている。

まさにブランディングの賜物です。


では具体的にどこまで想定読者の姿が見えていればいいのでしょうか?

参考までに次ページに僕が普段使っているペルソナ設定（ターゲット分析）のチェックシートを添付しました。相当細かいので驚かれるかもしれませんが、もし文章を収益につなげたいのであれば、これくらいのリサーチは必要です。


ここで大事なポイントをひとつ補足します。

ペルソナ設定は、妄想の産物であってはいけません。

「きっと読者はこういうことを望んでいるだろう」と仮説を立てるのはいいですが、それが答えだと信じ込んでは、結局自分本位のままです。

そういう意味で、相手本位の文章を書く一番確実な方法は、**あなたの身の回りにいる人のなかから想定読者を選んでしまう**ことです。

これは文章を生業とするライターの人がよく使うテクニックです。

ターゲット分析のための視点メモ

- □ 年齢は
- □ 性別は
- □ 住まいは
- □ 職業は
- □ 年収は
- □ 家族構成は
- □ 趣味は
- □ 悩み、不安は
- □ 夢、目標は
- □ どんなライフスタイルか、休みの日、仕事後
- □ 理想のライフスタイルは何か
- □ 尊敬する人、憧れている人は誰か
- □ 欲しいものは何か
- □ 行きたい国、旅行は
- □ 性格、価値観
- □ 休日の過ごし方
- □ 好きな本、映画
- □ 好きなテレビ
- □ 好きな言葉

もし身の回りにそういう人がいない場合は、いまはSNSがあるわけですからどんどんリサーチしましょう。Instagramをやっていないならインストールしてみましょう。コミュニティがあったら参加してみましょう。実際に対話をして、理解を深めてこそ、想定読者のためになる文章が書けるようになります。

それこそあなたが「20代の働く女性の専門家」になったくらいのつもりで、行動パターンから価値観に至るまで調べつくすのです。

僕も一時期、美容系の商材をブログで売っていましたから、そのときは必死になって調べたものです。

- **どんなフレーズを使えばワクワクしてもらえるのか**
- **どんな話題を取り上げれば興味を持ってもらえるのか**
- **どんなストーリー展開をすれば共感してもらえるのか**

こうした疑問に対する答えは、読者を深く理解することでしか見つかりません。

「文章を書くたびそこまでやっていたらきりがない」という方もいるでしょう。

ただ、今後も特定の層に特化した文章を書いていきたい、もしくは特定の層のファンやフォロワーを増やしたいと思っているなら、集中的にリサーチをする時間を設けることは長期的にはペイするはずです。

ちなみに僕の経験上、**リサーチをする上でかなり参考になったのが雑誌**です。特に女性誌は読者層を明確に決めているので、編集者さんたちはターゲット層の心に刺さる文章を書く達人です。例えば30代ＯＬ向けの雑誌で「朝の時短化粧術！」という特集が組まれていれば「なるほど、働く女性だからやっぱり時間効率を求めるんだな」といったことがわかります。どんどん参考にしていきましょう。

まとめ

想定読者のことを知るために役立つのが「リサーチ」。
雑誌やSNS、コミュニティなどを通じて、読者を深く理解しよう

□

021

「人ファン」と「商品ファン」の違いを認識する

「自己開示」をして、あなた自身のファンになってもらう

「人は結局、人が好き」

ワードの画面を眺めながらふと思いついた標語ですが、共感力がキーワードになっているいまの時代、文章を書く上で意識したいことはこういうことだと思います。

どういう意味かというと「いくらいいコンテンツを提供したところで書き手が人間的に好かれないと本当の意味でのファンは作れないし、少なくとも関係性を持続でき

ない」ということです。

「商品（に対する）ファン」と「人（に対する）ファン」の違いをもっと意識しましょう。

結局、コンテンツだけで勝負すると、延々とヒット作を出し続けないと書き手のことなどすぐに忘れられてしまいます。いいコンテンツを出すことは大事です。でも、同時に**その人自身のファンになってもらうことが大事**だと思うのです。

小説のようなアートの領域まで入っていくと、作者の素顔がまったく見えなくても「この作者の書く作品が好き」といった現象はありますし、ブロガーのちきりんさんのように素顔をまったく見せないインフルエンサーもいます。

でも、それはむしろ例外。圧倒的な経験値と文才があるからこそ可能なのであって、僕たちが安易に真似できることではありません。

ではどうやったら「人ファン」を増やせるのかといったら、やっぱり**自己開示**しかないと思います。

例えば、よく見かける飲食店のブログ。

期待して開いたら、「メニューが新しくなりました」「次の定休日は○日です」「今日は貸切でした。○万円から貸切可能です」といった業務連絡ばかりでがっかりしたことがある方は多いでしょう。「知りたいのはそこじゃない！」と。

せっかくそのお店に興味を持ったわけですから、知りたいのはそのお店にしかない物語ですよね。

店主の料理にかける思い、素材へのこだわり、修行時代の苦労話、開業秘話、スタッフのオフショットなど、普段お客さんとしてお店に行ってご飯を食べて帰るだけではわからない、裏話を知りたいわけです。

それを知ることでお店に感情移入ができてファンになるわけですから。

自己開示のなかでも特に**過去のエピソード**を語ることは、「人ファンづくり」と「商品ファンづくり」の両方で活用できます。
もし飲食店の店主がブログで
「自分は若い頃、華やかなフレンチの世界に憧れてヨーロッパで修行をしていました。しかし、たまたま旅行で訪れた東北の民宿で出された味噌汁を一口飲んで、料理人としての哲学が変わりました。そこからダシの世界を極めたいと思ったのです」と書いてあったらどうでしょう。

すでにそのお店に行ったことがある人でも、きっとそれを読んで店主の真摯な態度に惹かれるでしょうし、元フレンチのシェフだったという意外性に驚くかもしれません（人ファン）。そして、いままで適当に飲んでいた味噌汁が100倍美味しく感じるはずです（商品ファン）。

きっと僕だったら次にそのお店に行くときは味噌汁をInstagramにアップして、店主の物語をシェアするでしょう。

日本では「プロフェッショナルは多くを語らず、成果物だけで勝負をする」というイメージが根強いです。でも、プロフェッショナルな人ほど絶対に人の興味を引いたり、人を刺激するようなエピソードを持っていたりするわけですから、個人的

にはどんどんシェアしていただきたいなと思っています。

では、若い人のように現時点で突出した実績や開示できそうな過去のエピソードがない場合はどうすればいいか。

その場合は、**自分がなりたい姿を宣言して、なおかつ実際に努力している姿を伝える**ことだと思います。それをちゃんとすれば「ちょっと応援してあげたいかも」と思ってくれる人（人ファン）が必ず現れます。

せっかく夢や目標を持っていても、公言しない人は少なくありません。

僕も経験があるのですが、高校時代のある日、僕は父に「大学に行く」と宣言しました。普通なら親も喜んでくれると思いますよね。でも、予想に反して父は猛反対。「なんで?」と聞いたら「別にそれってお前のやりたいことじゃないだろ」と言われて、そのときはじめて、大学に行きたいという思いはずっとあったもののそれをまったく伝えていなかったことに気づいたのです。

結局、僕はそこから1カ月ぐらい毎日塾に通って、家の目立つ場所に参考書を置くようにして、「僕は本気なんだぞ」と必死にアピールをしました。最後は父親も理解してくれて、僕の応援者になってくれました。

まだ実績や肩書きがない人が本当のファンを作りたいなら、とにかく夢や目標を書くことです。「あ、また言ってるよ」と思われるくらい書くことです。そして、**夢や目標に向かってがむしゃらに頑張っている姿をどんどん開示**する。壁にぶつかって心が折れそうになっているときも、恥ずかしがらずにそれを開示する。

もちろん、万人受けはしません。「頑張っているアピール、ウザい」と思う心の狭い人もいますが、そんなことは気にしなくていいのです。

100中1人があなたの志に共感して応援者になってくれたら、それで十分なのです。

まとめ

ファンを作りたいなら、過去のエピソードや、こだわり、苦労話、開業秘話、商品に対する思いなど、「自己開示」をすることが効果的

022

イエス・バットで反論を潰す

「フォロー」の一言があるだけで、共感や納得度が違う

不特定多数の人に向けて文章を書く行為は、慣れないうちはどうしても不安がつきまとうものです。

「読まれるか?」という心配以外にも、「辛口コメントをもらったらどうしよう」「炎上したらどうしよう」という懸念もあります。

その結果、「読んでほしいような、ほしくないような」といった、相反する感情が入

り乱れることもあります。

毎日文章を書き続けてきた僕の経験から言わせていただくと、どれだけ納得のいく文章を書いたとしても、読者全員が内容のすべてに同意してもらえるケースはまずありません。

例えば、日本だけで500万部も売れている歴史的ベストセラーの『人を動かす』(D・カーネギー著、山口博訳、創元社)ですら、アマゾンレビューを見ると星1をつける人が3%もいます。

結局、人それぞれ価値観や置かれた状況は違いますし、特に想定読者ではない人が読むと「期待していたものと違う」という印象を与えてしまうのは仕方ありません。

大事なことなので繰り返しますが、全員に共感される文章を書くことは不可能です。

とはいえ、無駄に反感を買う必要もありませんよね。

全員に好かれることは無理でも、「できるだけ反感を買わないようにする」ことは可能なはずです。

そこで僕は普段文章を書くとき、想定読者が文章を読み進める過程で**反論するかもしれない箇所や、違和感を抱いたりするかもしれない箇所に、はじめから「○○という意見もあるでしょう」といったことを書く**ようにしています。

そうすることによって読者は「そうそう。一応わかってるのね、この人」と感じるので、結論的に読者の100%の賛同が得られなかったとしても、少なくとも「私の感情がスルーされた」といった負の感情は抱きません。

こうした「転ばぬ先の杖」的な作業も、想定読者がイメージできているほど的確なタイミングでできるようになります。

例えば「集中して仕事をしたいなら、電話が入らない朝の定時前がゴールデンタイムです」といったメッセージを伝えたいとしましょう。

ここで想定読者に40歳くらいの働く女性が含まれているとすると、子育ての真っ最中である可能性が高いわけです。出勤前に朝ごはんとお弁当の準備をして、洗濯をして、子どもを学校に送り出すわけですから、そうした事情を文章で拾ってあげないと「この著者は独身だからこんなことが書けるんでしょ」と怒りの感情すら湧いてきます。

その場合は「とはいえ、朝は家事が忙しいという方もいるでしょう。そういう方におすすめするのは○○です」といった感じでちゃんとフォローしていけば、文章全体に対する共感や納得度、信用度がまったく変わります。

そもそも誰かに何かを気づいてほしいときは、読者がいま持っている常識を少しずつ壊していかないといけないわけですから、ここでもやはり「反論を先に潰す」テクニックは活用できます。

そんなときに便利なフォーマットが、反対意見をいったん受け止めてから反論をする「イエス・バット法」です。実際に使うときは次のようなセットになるでしょう。

○○することが重要です（伝えたいこと）。

「△△だ」と思う方もいるでしょうし、その心情は理解できます（想定される反論をイエスで受け止める）。

ただ、××という観点からも、○○の重要性は揺るぎないと思うのです（補足説明をして反論する）。

この本でも散々使っていますが、本当に便利なのでぜひご活用ください。

まとめ

全員に好かれる文章を書くことは不可能だけど、「ムダな反感を買わない」文章を書くことはできる

023

盲点になりやすい「プロフィール」

興味を持ってくれた人への最初の「自己紹介」

あなたが普段、ネットサーフィンをしていて面白いブログ記事や、ためになるSNSの投稿と出会えたとき、なにげなく文章を書いた人のプロフィールを見てしまうことはないでしょうか？

僕はいつもします。どんな経歴を経たらこういう文章が書けるのか知りたい、という欲求も多少ありますが、単純に言えばどんな人が書いたのか知りたいだけ。

そしてプロフィールを見てその人に興味が湧いたら、過去の記事も読んでみて、「やっぱりこの人面白い」と思ったらフォローする。僕が誰かをフォローするときは、だいたいこんな感じの流れです。

ブログにせよ、SNSにせよ、自分のプロフィールを記入する欄はだいたいどのサービスにもあります。

それにもかかわらず「文章だけ気合いを入れて書いて、プロフィールはおざなり」という人を多くみかけます。

文章が不特定多数の個人と接点を持つタッチポイント（きっかけ）だとしたら、**プロフィールはあなたに興味を持ってくれた人に向けて行う最初の自己紹介**のようなものです。

せっかく興味を持たれたのですから、プロフィールに書く中身もこだわりたいところです。

どんなことを書けばいいのかは、目的によって変わります。

例えば仕事は一切抜きで同じ趣味を持った人とつながりたいのであれば、その趣味にかける思いなどを書けばいいので簡単です。

少し難しいのが本業や副業に絡めるときです。

ここでコツを紹介します。

・何の専門家なのか明記する

これはフリーランスの人に多いのですが、少しでも仕事を増やしたい一心で「なんでもできます」とプロフィールに書く人がいます。

例えばライターの人で「どんなジャンルでも書けます」と書くとしましょう。

ここで読み手（仕事の発注者）の立場で考えると、発注者は明確なテーマを必ず持っています。仮に教育についてしっかり書いてくれそうなライターを探しているときに、「なんでも書けます」というライターに魅力を感じるでしょうか？　むしろ、不安になりますよね。

だからプロフィールでは自分が何の専門家なのかを明記することが重要です。

・ストロングポイントを端的に書く

セルフ・ブランディングは大事ですが、必要以上に自分をよく見せようと誇張表現を多用してしまうと逆にウソくささが出てしまうので注意しましょう。

自分の特徴やスキル、人柄、経歴といった項目のなかで、ストロングポイントと思われることを簡潔に述べるといいでしょう。また、プロフィールを読んでほしい層が絞られているなら、そうした人がきっと知りたいであろう情報を書いておくのもいいでしょう。

・実績を見せる

限られた文字数のなかで、自分の実力を端的に伝えやすいのが「実績」です。「肩書き」でも「資格」でもありません。

（例）「元○○社営業部長」→**「○○社時代に営業成績3年連続全国1位」**

・人柄をにじませる

あえてパーソナルな部分を開示するということです。そのさじ加減はセルフ・ブランディングと密接に関係してくることですが、Facebookなどのプロフィールを見ていると必要以上に自分をスマートに見せようとする人が多い気がします。笑顔の写真に変えてみたり、趣味のことを一言書いてみたりするだけで共感されやすいプロフィールに化ける可能性はよくあります。

まとめ

プロフィールには、「何の専門家か」「ストロングポイント」「実績」「人柄」を端的にまとめるとよい

column 03

行き詰まったら「小見出し」から書く

毎日欠かさずブログを書いている人や、本をたくさん出している人。文章を生業としている人はたくさんいます。

そんな人たちに「文章を早く書くコツはなんですか？」と聞いても、大抵の人は「慣れですよ、慣れ」と答えます。

たしかに慣れはありますが、より正確に言えば、「文章を早く書くコツを無意識のうちに身につけている」ということでしょう。

誰でも実践できるコツをひとつ紹介します。

僕が長文を書くときは、「小見出し」から書くことが多いです。

ブログにおける小見出しは本における章立てと同じで、どんな話をどんな順番でし

ていくかを先に決めるということです。それが決まったらようやく本文を書いていきます。

こうすることで記事全体としてのテーマが大きくても、その小見出しに続く文章のなかで書くべき内容は限定されるので、少なくとも「何を書くか」という迷いが生じません。ようは小見出しを書くことで、意識が散漫になることを防止でき、集中力を持続しやすくなるのです。

文章を書いている時間のほとんどは悩んでいる時間なので、最初に小見出しレベルで文章の全体像を作っておけば執筆時間は大幅に圧縮できます。

それに話の流れができていれば、極端な話、どの小見出しから書いてもいいわけです。最後に帳尻があっていればいいので何も1ページ目から書く必要はありません。

「今日は眠いから集中できないな」と感じたら簡単に書けそうなところを書き、「今日は集中できている」と感じたら、難所に挑戦するという書き分けができるのも、小見出しから書いているからです。

第4章

中級編

興味を引く文章を書く

024

ステーキを売らない。〝シズル〟を売る

「五感を刺激する言葉」を文章に入れる

「以前から気になっていた麻布のステーキハウスに行きました！　超おいしかったです！」

こんな投稿があったらどう思うでしょうか？

ものすごく上手に撮られた写真があったらマシですが、食べ終わったあとのお皿の写真くらいしかなかったとしたら、「で？」と思うでしょう。

正直、ぜんぜん面白くありません。

エルマー・ホイラーという経営アドバイザーが残した言葉で、

「ステーキを売るな。シズルを売れ」

という名言があります。本のタイトルにもなっていますが、僕が文章を書くときに意識している言葉です。

人は「ステーキ」にお金を払うのではなく、「素敵な空間で美味しいステーキを食べながら至福の時間を楽しむという一連の体験」に惹かれ、お金を払う、という意味です。ようはモノではなくコト。脳内でそうした擬似体験をしてもらうためには、**肉のシズルが思い浮かぶような文章**を書かないといけないわけです。

これは商品を売るときの文章に限った話ではありません。人に興味を持って読んでもらう文章を

書くときにもそのまま使える心構えだと思っています。

さて、文章でコトを売ることに関してのプロはコピーライターであり、さらにその上にいる名人が小説家です。僕たちがそのクラスを目指すのは簡単ではありません。

でもそこまでいかなくても、ちょっとした心がけで「コト」をアピールできるコツがあります。

それは**人間の五感を刺激しそうな言葉を文章の端々に入れてみる**ことです。

すでにご存知の方もいらっしゃるかもしれませんが、念のために五感と脳の関係について簡単に説明しておきます。

五感とは人間に備わっているセンサーのことで視覚、聴覚、触覚、味覚、嗅覚があります。いずれの感覚も、実際に感じているのは脳です。

例えば今あなたの視覚の中心にある「この本」は、目という映像センサーが受け取った視覚情報が脳内で組み立てられ、「映像化」されたものです。言い換えると、目はビデオカメラの「レンズ」で、脳のなかに「映像処理をするコンピューター」と「ディスプレイ」があるということ。

僕たちがきれいな夕暮れを見ながら「なんていい景色なんだ。日本に生まれてよかった」と感動しているとき、実は僕たちは脳内のディスプレイを眺めているだけです。

ということは、どういうことか。

実際に見ていない情報であっても、「映像化」を手助けするような言葉を脳に入力すれば、脳内ディスプレイに映像が映るということです。これは他の感覚でもまったく同じで、言葉を通じて脳内で情報を再構築できれば、人はそれを「感じる」ことができるのです。

Instagramであれば視覚情報を直接送れます。

YouTubeであれば視覚情報と聴覚情報を送れます。

文章は、五感のすべての情報が送れます。

伝達できる情報の解像度は荒くなりますが、人の脳は過去の記憶から解像度を自動補正することができます。文字情報なのに小説を読むと頭にその世界が描写されるのは、まさに自動補正のおかげです。

結果的に**すべての五感を脳内で再現させられることが、文章のすごいところ**なのです。

変な話、幽霊もいい例ではないかと思っています。

人は誰しも怪談話などから幽霊の情報が記憶に刷り込まれています。だから「おばけが出そうだな」となんとなく思ったときに、脳がバグって幽霊を映し出す。つまり「幽霊を見た」という人は嘘をついているのではなく、脳内のディスプレイでは見ているということ。それはポケモンGOのように実像と虚像のイメージがミックスしたMR（Mixed Reality）のような世界なのかもしれません。もしそうだとしたら、怪談を書いた人の文章力は素晴らしいとしかいいようがありません。

五感を刺激する言葉にもいろいろあります。

基本は

「どんな光景かな？」

「どんな音がするかな？」

「どんな質感でどんな硬さだったかな？」

といったように、それぞれのセンサーに意識を向けて、どんな情報が入ってくるかを想像して、それを文章に書くことです。

焼肉だとしたら、視覚情報は**お肉からあふれ出る油や、立ち上る煙、同席者の笑顔**かもしれません。聴覚情報は**肉が焼ける音や笑い声や軽快なBGM**かもしれません。

実際に自分の脳内でその状況を再現して、五感が受け取る情報のなかで印象的なことを書き足していくことで、その場全体の魅力（コト）が伝わる文章に生まれ変わります。

細かいことまですべてを描写するつもりはありません。先ほど書いたように脳は自動補正ができるので、読み手の過去の体験を呼び戻せるような言葉をスパイス的に使ってみてください。

一番簡単な方法は**擬態語**を使うことでしょう。

キラキラ、モフモフ、コトコト、ガヤガヤ、ジュー、ザラザラ、スベスベ。

これだけでも効果は十分出ます。

逆にいうと、五感を刺激する言葉を使わないと、読み手の脳内ディスプレイには何も映りません。真っ暗な画面のままなので、それでは感情体験を伝えられませんよね。

「○○に行きました。楽しかったです」

「○○を観に行きました。面白かったです」

「○○を食べました。美味しかったです」

こうした投稿に「いいね！」があまりつかないのは、読み手がその光景をまったくイメージできないからです。

もちろん、自分の日常を報告するだけの投稿があっても構いません。そのときでも、できれば「自分も久しぶりに焼肉行きたいなぁ」と思ってくれるくらいの情報を足してあげることが、わざわざあなたの投稿を読んでくれた人への優しさと言えるのではないでしょうか。


これがモノを売る文章となると読み手の感情をグラグラ揺さぶらないといけないので、読み手の脳内ディスプレイにその商品を買ったあとの幸せな情景が映し出されないとまず買ってもらうことはできないでしょう。

機能性や経済合理性などのロジックも大事ですが、合わせて**感情をゆさぶらないと人はなかなか動きません**（ここについては5章でも補足します）。

ちなみに、僕もよく使う「想像してみてください」というフレーズは、「あなたの脳内ディスプレイにこんな情景を映してください」と、ド直球でお願いするためのフレーズです。

この一言を入れることで、それまでぼんやり文章を読み進めていた人でも、脳内の映像処理装置とディスプレイの電源を入れてくれるわけです。

あまり連発すると押しつけがましくなりますが、たまに使うと非常に効果的なので、ぜひご活用ください。

まとめ

すべての五感を脳内で再現させられることが文章のすごいところ。効果的に使って、読者の感情を刺激しよう

025

話の「高低差」を意識する

文章に「波」を作って、読者を飽きさせない

どれだけド派手なハリウッドのアクション映画であろうと、必ず物語には波があります。しかもその物語の型は決まっていて、映画や劇は「三幕構成」で作られるというのが世界標準です。三幕構成は「設定」「対立」「解決」から成り立っていて、それぞれの比率は1：2：1ということまで決まっています。

といきなり小説講座的なことを書いてしまいましたが、三幕構成まで意識しないにしても、人の興味を引く文章を書く上で大事なことは**文章の波を意識すること**です。「緩急」という意味もありますが、もっと大事なのは「高低差」です。

例えば商品を売るための文章を書くときに出だしの文章はどうしたらいいかというと、雰囲気づくりが大事なのでポジティブな話をどんどんしたほうがいいでしょう。そうすることで読者も「この先を読みたい」と思ってくれます。

でも、ずっとポジティブな話が続くと話が単調になって飽きられるだけではなく、なんとなく信憑性も失われていく感じがします。

「ずっといい話しかしていないけど、本当か?」と。

だからそこであえて、ネガティブな話なども入れて高低差を作るのです。

典型的なネガティブな波は、「価格の開示」でしょう。

バラ色の未来を見ていた読者はいったん現実を突きつけられます。映画で言えば、主人公がピンチに陥る瞬間です。

でもそこから一気に話を加速させ、価格以上の価値を得られると読者が感じてもらえるまで話を盛り上げることで、読者は納得するのです。
上げたら、下げる。下げたら、上げる。
その**波と高低差が、文章を面白くする秘訣**だと思っています。

商品を売るときの話だけではありません。
例えば僕は部下を指導するときにメリハリを意識しています。叱るべきときはしっかり叱るし、褒めるときはとことん褒める。もし僕が年中「超優しい上司」だったとしたら、褒められた部下に感動は生まれません。いったん下げているからこそ、上げたときのギャップに人は「萌《も》える」のだと思います。これは恋愛でも使えます。

ちなみにこの本でも僕の起業当初の話を入れています。
これも「文章術を身につけて人生が変わった僕」

について語るときに、高低差があったほうが人の記憶に残りやすいからです。

いきなり物語調の文章を書くのは難しいでしょうが、「高低差をつける」ということだけでも意識して文章を書いてみれば、人の興味をそそる文章に生まれ変わるはずです。

まとめ

上げたら、下げる。下げたら、上げる。
「波」と「高低差」が、文章を面白くする秘訣

□

026

興味を引く「見出し」の作り方

「読者の興味を引く」ための必須スキル

2章の冒頭で「読まれない壁」の話をした通り、これだけ情報が溢れている世の中で自分の書いた文章を読んでもらうハードルはどんどん上がっています。

本でもネット記事でも、読者のアテンションを少しでも引くために壮絶な「見出し合戦」が繰り広げられています。

見出しは本来、本文に書かれている内容を的確に要約したものです（この本質はいまでも変わっていません）。

そこからさらに人の興味を引けるかどうかという領域は、主にコピーライターや編集者が持っていればいいスキルでした。でも、これからは**一般の人でも興味を引く見出し作りのセンスが求められる**ようになってきています。

ここでは人の興味を引きやすい見出しのパターンをいくつか紹介しましょう。ブログ記事を書くときなどの参考にしてください。

①印象的な事例を使う

2005年にベストセラーとなった山田真哉さんの『さおだけ屋はなぜ潰れないのか?』（光文社）のように、コンテンツのなかで出てくる印象的な事例をそのままタイトルにするパターンです。本文の内容を要約するという基本原則をあえて無視した変則技と言えるでしょう。

人の興味を引くという点では非常に優れていますが、「何の本なのかわかりづらい」という欠点も抱えているので多少のリスクはあります（ちなみに『さおだけ屋はなぜ潰れないのか？』は会計学の本です）。

②話題性のある言葉を使う

世間で注目を集めているバズワードを文中の素材として使うことで、見出しにも使うパターンです。例えばキャリアコンサルタントの人であれば**「ZOZOTOWN前澤社長にみるこれからのキャリアの形」**といった記事を書けば、注目を集めそうです。基本的に話題性のある言葉は旬が短いので、ブログ向きと言えるでしょう。

③具体的な数字を入れる

何かの効果を訴えたい場合は具体的な数字が入っているほうが、イメージが湧きやすく人の目に止まりやすいです。「売上がアップする最新の広告戦略」よりも**「売上が3倍になる最新の広告戦略」**のほうが、企業の経営者や広告担当者は読みたくなるでしょう。社内の提案書のタイトルなどでも使えます。

④手軽さをアピールする

最小限の手間で最大の効果を欲しがるのが人間です。とくにハウツーを伝えるコンテンツの場合、見出しの段階で手軽さをアピールできるかどうかはかなり重要です。ちなみに今、アマゾンでダイエット本のランキングを見たら、「しっかり食べても痩せる」「3分巻くだけ!」「30日で」といったような低負担を強調した本が上位を占めていました。

⑤疑問形にする

見出しで読者に問いかけるパターンです。仮にこの本のタイトルを疑問形にするなら「なぜ一流の人は文章がうまいのか?」などになるかもしれません。疑問形にすることでその見出しを見た人は一瞬頭の中で答えを探ります。それだけでもアテンションを引くことができますが、せっかく考えたら答えが知りたくなるのが人間です。非常に理にかなった見出しのつけ方です。

⑥比較形にする

ベストセラー『金持ち父さん 貧乏父さん』(筑摩書房)がまさにこのパターンです。

伝えたいことは「金持ち父さん」の心構えであっても、あえて比較の形にすることで読者の関心は「両者の違いはなんだろう？」ということに向きます。これは文章をわかりやすく説明したいときにぜひ使いたいテクニックでもあり、複雑な話であっても二元論として単純化することで読者の心理的なハードルが下がるのです。

⑦意外性をつく

世間の常識とは逆を行くフレーズを使うことで関心を引くパターンです。

意外なことを書かれると、人は「なぜ？」「どうして？」と理由を知りたくなるものです。アドラー心理学のブームのきっかけとなった『嫌われる勇気』（岸見一郎著、古賀史健著、ダイヤモンド社）などもその一種でしょう。

⑧会話調で書く

マイケル・サンデルの『これからの「正義」の話をしよう』（鬼澤忍訳、早川書房）やデイル・ドーテンの『仕事は楽しいかね？』（野津智子訳、きこ書房）のように、見出しをあえて会話調で書くことで周囲から際立たせるパターンもあります（ちなみにいずれも原文のタイトルは普通です）。

まとめ

情報が溢れている今の時代、読んでもらえないと意味がない。「見出し」の力で、文章を読んでもらうハードルを下げよう

027

読者が「知りたい順番」で書く

ターゲットによって、読みたい順番は違う

少し難しい話になりますが、僕が普段文章を書くときは相手の知りたい順番、読みたい順番で書かれているかを気にします。

世の中には意表をついた構成の魅力的な文章などもあるので、すべての文章に当てはまるわけではありませんが、「いい文章は相手が読みたい文章である」という前提に立つ限り、心構えとしては大事なことだと思うのです。

例えばビジネス文章に見られる「結論から先に書け」という定説も、結局、ビジネスシーンのようにスピード感が求められる環境において、「能書きはあとでいいから先に結論を知りたい」と思う人が圧倒的に多いからですよね。これは新聞記事で見かける頭括《とうかつ》構成（結論→補足）と構成は同じです。

いずれの場合も「その文章をじっくり読み進めるかどうかは結論次第だから、先に書いてほしい」というニーズありきです。

そういう上司の気持ちをわからずに長々と前置きから入ってしまう人が後を絶たないのは、単純に相手の立場に立って文章を書けていない人が多いからです。

ただ、結論が先にくるケースは正直かなりわかりやすい例だと思います。

例えばエッセイ風の文章なら基本的に読者はじっくり文章を読む前提でいますから、わざわざ結論から書く必要はありません。あえて結論を最後まで書かないで最後にスカッとさせる方法もあるでしょう。

難しいのが商品を売る文章です。

というのも、商品を売る文章にはそもそも結論はありません。しいていえば「読者が買いたい状態になっていること」でしょうが、読み手からすれば文章のどの段階で「買いたい状態」になっているかはまちまちです。

このあとの5章でも、どんな話を入れていけば読者をその気にさせられるかというヒントはたくさん書いていきます。でも、どの順番で書いていけばいいかはターゲットの抱えるニーズや商品特性などによって変わるものです。

よって、ある意味絶対的な正解というものはなく、そこは**ターゲットの分析をしながらあなたなりの仮説を立てて文章を組み立てていくしかない**と思うのです。

まとめ

基本は「結論」を先に持ってくる。
ターゲットや目的に合わせて、変えていくことが大事

column 04

「脳内の読者」と対話しながら書く

先日、電子出版に興味があるという女性から相談を受けました。聞くと、「自分の経験を電子書籍でまとめたいが、まったく筆が進まないので困っている」とのこと。

「文章が苦手な人によくあるパターンだな」と察して、試しに「具体的にはどんなことを書きたいんですか？」と話を振ってみたら、まあ、淀みなくしゃべること。

少し話を聞いたあと、「いまあなたがしゃべったことを録音して、クラウドソーシングで5000円くらいで文字起こしをすれば、それだけで原稿の土台くらいにはなりますよ」と伝えておきました。

この女性のように文章を書く行為をやたらと難しく捉えている人は、本当にたくさんいます。気持ちはわからなくもありませんが、一字一句にこだわらないといけない

俳句や短歌の世界と違って、何万文字もの文章を使って人を動かしたい、もしくは自分の考えを広めたいと思っているなら、ひたすら喋りかけるように書けばいいのです。

最近は話し言葉で書かれた本も珍しくありません。

ただし、そのときもやはり大事なのが想定読者をしっかりイメージできているかです。そこを絞らないことには脳内に対話の相手が姿を現わしません。

誰もいないセミナー会場で一人でしゃべれと言われたら困るでしょう。それと同じです。

想定読者の姿がはっきり見えたら、あとはひたすら脳内でその人とマンツーマンで対話を続ければいいのです。

そして相手が抱きそうな疑問や言いそうな反論もそのまま文章にすればいいのです。この本でもよく使っている「『○○』と思われる方もいらっしゃるでしょう」といったように。

文体の調整などはあとでいくらでもできます。

ちなみに今はスマホやパソコンの音声認識力がどんどん高くなっているので、「原稿を書くときは音声入力を中心にやっている」という著者仲間も実際にいます。ただ、完全なフリートークだと話題があちこちに飛びすぎるので、あらかじめ進行台本（章立てと小見出し）は作っておきましょう。

第5章

上級編

行動を喚起する文章を書く

028

感情的ベネフィットに訴えかける

読み手が「勝手に妄想してワクワクする」状態を目指す

以前、大型テレビを探していたとき、ある家電量販店の販売員さんが僕のところにするするっと寄ってきて、一言、こう言いました。

「これ40%オフなんで……」

そしてニコっと笑うと、またするするっとどこかへ。

本気でずっこけるかと思いました。

「40%オフ」というのは数字であるけれども数字ではないというか、ただの割合であって概念です。しかもこの場合、元の値段がわからなかったので「お買い得」ということ以外、僕には何も伝わってきませんでした。

人は具体的にイメージできないもので心が動くことはありません。

もし僕がテレビを宣伝するページを書くなら、

「超高精細画面のテレビが定価30万円のところをいまなら18万円！ 決算前につき40%オフの大放出中！ 浮いた12万円であなたは何をしますか!?」

くらい一気に書きます。

さすがにここまで言われたら受け手もイメージが湧くでしょう。

売り文句を考える上で絶対に忘れてはいけないことは、受け手の感情をいかに揺さぶることができるかです。

ブランディングの神と言われるデビッド・アーカーは、購入者が商品を買ったときに受ける恩恵（ベネフィット）を

・機能的ベネフィット
・情緒的ベネフィット
・自己表現ベネフィット

の3つに分類しました。

機能的ベネフィットとは「これを買ったら仕事が捗《はかど》る」「ダイエットに効果がある」といった、商品を買うことによって得られる直接的な利益のことです。言い換えると、消費者の表面的なニーズ（仕事の効率を上げたい、痩《や》せたいといった願望）を満たすもの、といえるでしょう。

情緒的ベネフィットとは、その商品を買うことで消費者にもたらされるプラスの感情（満足感や喜び、楽しさ、安心、優越感、爽快感など）のことです。先の例なら「仕事がバンバンこなせて気持ちよさそう」とか「使っている人が少ないから自慢できそう」といった感情のこと。

最後の**自己表現ベネフィット**とは、その商品を買うことで自分がどうなるか、というセルフイメージの領域。例えば「周囲からできる男に見られるかも」とか「憧れの人と付き合えるかも」といった話です。

わかりやすく言えば、文書の読み手が「勝手に妄想してワクワクする」状態を目指したいのです。

さて、この3つのベネフィットのうち、感情を揺さぶるのは「情緒的ベネフィット」と「自己表現ベネフィット」です。自己表現ベネフィットのほうがインパクトが強いですが、感情を揺さぶるという意味では同じなので、ここでは2つをまとめて**「感情的ベネフィット」**と呼ぶことにしましょう。

機能的ベネフィットをいくら並べても、それが受け手のなかで感情的ベネフィットに変換されないと「買いたい！」「やりたい！」という気持ちにはなりません。

割安感を表す「40％オフ」という言葉はもちろん使ってもいいのですが、それ単体だと機能的ベネフィット（＝安い）すらイメージできません。ですから本来は補強的に使う言葉です。

あくまでも優先すべきは相手が感情的ベネフィットを感じられる言葉です。

店頭のポップなどで情報が詰め込めないこともあるでしょう。

そんなときも、せめてセールス文句は具体的にして機能的ベネフィットをしっかり伝えきることが基本。さらに、短いフレーズで感情的ベネフィットを刺激できそうな言葉はないか考えてみるといいでしょう。

例えば次のような感じです。

Before

×ハイボール半額（機能的ベネフィットすら伝えていない状態）
△ハイボール通常400円のところ1杯200円（機能的ベネフィットだけ）

After

○**ハイボール通常400円のところ1杯200円！　財布を気にせずガンガン飲めます！（機能的ベネフィット＋感情的ベネフィット）**

ちょっとした差ですが、読み手の受ける印象はまったく変わります。

感情的ベネフィットはぜひ覚えていただきたいことなので、話を少し補足します。

例えばガッツリ体を鍛えたい人が集まる本格的なジムなら、入会特典を

Before

「入会費1万円無料！」

とするより

After

「プロテイン10本（1万円相当）プレゼント！」

のほうが刺さるケースもあります。

なぜなら、「入会費1万円無料！」だと、見込み客の「筋肉がムキムキになった自分」というセルフイメージとの関係性が少し遠いため、機能的ベネフィットで終わってしまいやすいからです。

そこを「プロテイン10本（1万円相当）プレゼント！」にすれば、**それを飲んで体がみるみる変わっていく自分をイメージできる**ので、機能的ベネフィットを満たしつつ感情的ベネフィットを感じてもらえるのです。

機能的ベネフィットは商品のスペックや特徴に近い話なので、文章化は簡単にできます。

しかし、感情的ベネフィットの領域になってくると「読み手はどんなことに気分が高揚して、どんな状態を目指しているのか」まで読み解く必要があるため、3章で書いたように想定読者の「リアル」を知ることが極めて重要になるのです。

まとめ

「機能的ベネフィット」だけで読者の心は動かない。
読者の本音を知り、「感情的ベネフィット」を伝えよう

029

WhyとWhatに専念せよ

まずは、読み手の「ニーズ」を喚起する

感情的ベネフィットを刺激しないと人はなかなか動かないという話は、マーケティングの世界では常識です。

それにもかかわらず、世の中の多くの営業資料やウェブサイトはいきなり商品説明（機能的ベネフィット）から入ろうとします。商材が複合機であれば「業界最高水準の出力速度！」といった感じです。

不特定多数の人に読んでもらう文章なので仕方がない部分もありますが（機能的ベネフィットは広範囲のターゲットに刺さりやすいので）、対面のセールスでも商品説明から入る営業マンが後を絶ちません。

これは以前、僕が参加した営業セミナーで学んだことですが、人に行動を起こしてもらうには「Why」と「What」の説明に労力の8割をかけましょう、と教わりました。

「なぜあなたは〇〇をすべきなのか」をひたすら説明しましょうということです。

言われてみればその通りで、僕たちは普段、「商品のスペックがいいから」という理由で物を買いません。

例えば「iPhoneの新作、HDDの容量が2倍になったから超欲しい！」という人はあまりいませんよね。今持っているスマホの記憶容量が限界に来ていて、自分の子どもの写真をたくさん撮りたいのに撮れないといった「買うべき理由（ニーズ）」があって、「じゃあ、どれを買うかな？」と考えるわけです。

ただ、こちら側から人に働きかける場合は、相手の中でニーズが明確になっていないケースがよくあります。

だからこそ**「Why」と「What」に話の焦点を絞ってニーズをしっかり喚起して、「言われてみればそんな不満があったな」と思ってもらわないといけません。**

そして、ニーズを喚起するときは感情的ベネフィットをどんどん刺激していきましょう。

逆に言えば、そのニーズさえ喚起できれば、「じゃあどうすればいいのかな?」「どんな商品（解決策）があるのかな?」と、相手が興味を持つようになります。

もし商品のサイトであれば商品ラインナップの一覧をチェックしたり、契約までの手順を調べたりするでしょう。

ただ、WhyやWhatの説明をしているときに「How（解決策）」のイメージがまったく湧かないとニーズを喚起するだけで終わってしまうので、読み手をその気にさせる文章を書くときは、**「How（具体的な方法）」は2割くらい入れておく**のがベストでしょう。

WhyとWhatが8割。Howが2割です。

そういえば、最近ビジネス書や自己啓発書で本の「はじめに」や「1章」を無料公開するケースが増えていますよね。

「有料コンテンツを公開して大丈夫なの?」と思われるかもしれませんが、ニーズ喚起の話でいうと、実は非常に理にかなったプロモーション方法なのです。

というのも大半の本は冒頭でひたすら「Why」と「What」の話が書かれています。この本もそうです。

なぜこのような構成の本が多いかというと、**ニーズ喚起をおろそかにしていきなりノウハウ(How)の羅列から入ってしまうとその商品の価値が伝わりづらい**からです。

資格試験の参考書やダイエット本のように、想定読者の目的が明確なのであれば、いきなり「How」から入ってもいいのです。

でも、ビジネス書や自己啓発書の類になると「ち

ょっと興味はあるし、学んだらいいことがありそうだけど、さほど緊急性のないテーマ」であることがほとんどです。文章術もそうでしょう。一応、誰でも文章は書けるわけですから。

だから著者も編集者も必死になって「いやいや、けっこう緊急ですよ！」とアピールしないといけないわけで、そのアピールしている文章を多くの人に読んでもらえることは、出版社からすれば格好のプロモーションになるのです。

まとめ

Why（なぜ必要か？）、What（何が必要か？）が8割、How（具体的な方法）は2割、がベストの形

□

030

「人生は3つある」を意識する

多くの読者の「心に刺さる文章」の書き方

僕が営業テクニックに関する本を書くときや営業研修の講師をするときは、しばしば冒頭でこんな話をします。

「みなさんは営業をマスターすることで成績が上がって収入が増えるというイメージをお持ちでしょう。でも、メリットはそれだけではありません。営業をマスターすればコミュニケーション上手になるので友人も増えます。異性にもモテるようになります。家族との関係も良好になります。それに、営業をマスターすれば最短時間で結果が出せるようになるので、定時に帰ってゆっくり休めるようになります」

研修でこの説明を最初にするように心がけたら、ものすごい集中力で聞いてくれるようになりました。

先ほど感情的ベネフィットが大事だという話をしました。そして「Why」が大事だという話もしました。

そのベネフィットを伝えるときに僕が意識しているのは、「人生は3つある」ということです。

24時間を大まかに分けると、人は8時間仕事をして、8時間プライベートな時間を過ごして、8時間休んでいます。その比重がいびつな人もいますが、基本はこの3つ。

そして人によってどれを重視するかは異なります。

ですから、できるだけ多くの読者の心に刺さる文章を書くために、できるだけこの3つのすべてをカバーするようにしているのです。

例えばダイエット器具の紹介文を書くときに真っ先に思い浮かぶメリットは

- **痩せることで病気を防げる**
- **痩せることで異性にモテる**
- **痩せることで好きな服が着られる**

といったことですね。領域としてはプライベートが中心です。

でも、想像力を膨らましたら

- **体を絞ることで「できる社員」に見られる（仕事）**
- **出勤前に使うことで血流が良くなり仕事の成果が上がる（仕事）**
- **寝る前に使うことでぐっすり眠れる（休息）**

といったメリット（とそれぞれに付随するベネフィット）が思いつきます。

「1石1鳥です」と書いてあっても当たり前すぎて説得材料として弱いでしょうが、「1石3鳥です」と書いてあると「お、これいいかも」と思うかもしれません。もちろん科学的な裏付けは必要ですが、裏付けがあるとしたら文章に織り込まないと損です。

ようは、**ひとつのボタンを押すだけで、人生のすべてがうまくいきそうなイメージ**

を持ってもらえるか。それが究極の「人を動かす文章」だと思います。

それに、人によっては仕事とプライベートと休息の3つのうち、ものすごく狭い領域に価値を置いている人もいます。

例えばこの前、知り合いの経営者に「なぜ起業したんですか？」と聞いたら、「ある起業家の本に、昼間からビールが飲めるよと書いてあったから」と言うのです。

彼はずっと起業に興味があって、起業がテーマの本をたくさん読んできました。でもどれを読んでも、そこで書かれているメリットが、「起業は大変そう」というデメリットを上回ることがなかったそうです。

でも彼はとにかくお酒が大好きで、たまたま手にとった本で「昼間にビール」と書いてあったことで、自分自身が起業に成功して六本木界隈のテラスで昼間にビールを飲んでいる姿をイメージで

きたわけです。

「そんな小さなスイッチ、わかるわけないじゃん」と思うのが自然です。

でも、わからないことこそできるだけ広くカバーしたほうがいいとも言えます。そうした取りこぼしを防ぐために、「人生は3つあるよな」と頭で念じて、チェックリスト的に使うと効果的です。

まとめ

ひとつのボタンを押すだけで、すべてがうまくいきそうなイメージを持てる。
それが究極の「人を動かす文章」

031

想定読者のCan'tを考え、Wantを想像する

「お客さんのニーズ」を探るシンプルな方法

いきなり感情的ベネフィットやWhyといった大きな話から入ってしまいましたが、少しだけ話を戻すと、想定読者を絞り込んだところでニーズが把握できていなければ商品を買ってもらったり、行動を起こしてもらったりすることはできません。

では顧客のニーズとはどうやって想像するのでしょうか？

一見すると難しそうですが、シンプルな方法がひとつあります。

それは**想定読者が「できていないこと（Can't）」を考えてみて、そこから「したいこと（Want）」を考えてみる**のです。

「できていないこと（Can't）」を知るためにはターゲットを深く理解する必要があるということは3章で書いた通りです。

そして「したいこと」がニーズで、「したいこと」を解決するのがあなたの文章における売り文句、という建てつけです。

ここでは仮に、働き方改革の影響で定時退社をするようになり、副業収入を検討しだしている会社員を想定読者として、Can'tとWantと売り文句の例を書いてみます。

Can't　収入が上がらない

Want　副業で収入を上げたい

売り文句　**アフターファイブの副業講座で副業を学び収入アップ！**

Can't　仕事の成果と収入の成果が比例しない
Want　労力と成果を比例させたい
売り文句　**頑張った分だけ儲かる副業があります！**

Can't　平日は旅行に行くことができない
Want　平日に旅行に行きたい
売り文句　**独立すれば平日に旅行に行けます！**

Can't　独学で副業の勉強ができない
Want　仲間と副業の勉強をしたい
売り文句　**受講生同士、切磋琢磨しながら勉強しています！**

Can't　起業・副業の相談をする相手がいない
Want　プロに相談をしたい

売り文句　**副業のプロがどんな相談にも乗ります！**

いかがでしょう。想定読者の「リアル」を深く知ってさえいれば、ターゲットに響きやすい売り文句を導き出すことは難しくありません。

ちなみに人のニーズとは基本的に「欲求」のことですから、無限大にあるように思えて実は数が限られています。何かの参考になればと思い、次ページに思いつく限り書き出してみました。

まとめ

人のニーズは「欲求」のこと。
基本的な「欲求」を知り、文章を書く前におさらいしよう

例：ニーズ、人間の主な欲求について

- □得したい（損したくない）
- □不満・不安を解消したい
- □ストレスを解消したい
- □便利にしたい
- □気持ち良くなりたい
- □快適になりたい
- □時間を短縮したい
- □無駄を省きたい
- □努力したくない（楽したい）
- □苦痛から解放されたい
- □優越感に浸りたい
- □成長したい
- □仲間になりたい
- □認められたい
- □刺激が欲しい
- □若くありたい（若返りたい）
- □美しくなりたい（カッコよくなりたい）
- □目標を達成したい
- □美味しいモノを食べたい
- □良いモノを持ちたい
- □地位や名声を得たい
- □権力を持ちたい
- □自由になりたい
- □健康になりたい
- □SEXがしたい
- □異性にモテたい
- □癒されたい
- □愛されたい

□

032

人が行動しない理由を知り、言い訳を潰す

読み手の「不安」や「リスク」を先回りで解消する

文章で何かを説得しなくてはいけないときに文章ならではの弱点となるのが、相手の反応に応じて文章を書き分けられないことです。

つまり、一発勝負で、できるだけイエスと言ってもらえる可能性を高めないといけません。

そのために大事なことは、感情的ベネフィットに訴えかけることだと書きましたが、

それだけでは物足りないケースがほとんどです。
ではどうすればいいかというと、読者が行動を起こさない理由、つまり「断る言い訳」を先回りで潰すことです。

人が行動しない理由はある程度限られています。

- **経済的メリットが不明**
- **競合商品との差が不明**
- **時間、時期、タイミングが合わない**
- **家族、友達からの反対意見**
- **個人や会社、商品などへの信頼度**
- **実績、評判、成果が不明**

これらをできるだけ潰しましょう。

読み手がその商品を選ぶ前に感じるであろう不安やリスクを先回りで解消することを、**リスク・リバーサル**と言います。

コンバージョン率の高いサイトは、間違いなくリスク・リバーサルを入念に設計しています。そして、リスク・リバーサルは読み手の心情を深く理解していないとできません。

この節では最初の4つについて触れ、残りの2つについては次節で解説します。

①経済的メリットが不明

お金に対する不安はやはり一番大きなものでしょう。

最近ではどのウェブサービスも初月利用料を無料にするフリーミアムが当たり前になっています。これがあるから「とりあえず使ってみようかな」と思うのです。もしくは高額商品であれば「期待する効果が出なければ返金に応じる」といったリスク・リバーサルもあります。

ドミノ・ピザの**「20分以内に配達できなければピザ1枚無料クーポンプレゼント」**もリスク・リバーサルです。とはいえ、これは単純なリスク・リバーサルではなく、このメッセージの本質は自信の表明です。つまり、「当社では20分以内に届けられる仕組みがあるので安心してください」というニュアンスが伝わるからみんな買うわけです。

お金のリスク・リバーサルをするときに自信をほんのり匂わせることは信用度にも影響するのでかなり重要だと思っています。**商品の効果に絶対の自信があるとか、使ってもらえば商品の良さを絶対にわかってもらえる自信があるなら、お金のリスク・リバーサルはどんどんしたほうがいい**です。

②競合商品との差が不明

どんな商品でも消費者にはだいたい何かしらの代替案があります。ですから競合商品との違いなり優位性をアピールして「あれではなくこれを買うべきだ」と納得してもらわないとモノは売れません。

例えば僕が以前、液晶テレビでシャープとＬＧどちらにするか悩んでいたときに、素人考えで「シャープのほうが液晶がきれいだ」と信じていました。だから安いＬＧを見て心は少し動いていたものの、最後の踏ん切りがつきませんでした。そのときに販売員さんがやってきて「このモデルだったら液晶パネルは同じ会社のものを使っていますよ」と教えてくれたのです。

僕からしたら懸念材料は消えたので、喜んでＬＧを買いました。

もし僕がLGの液晶テレビの商品紹介をブログで書くなら、使っている液晶のことは写真入りで目立つように書くでしょう。

③時間、時期、タイミングが合わない

興味はあるけど今じゃない、ということもよくありますよね。

例えばモノだとして、すぐに要らないのであればキャンセル無料の予約申し込みを受け付けるとか、サービスであれば今のキャンペーン価格で申し込みを受け付けて、サービスの開始は3カ月先でも構わないといった工夫はできるでしょう。

もしイベントの招待などで途中参加しかできない人に対しては**「途中参加OK」と書くだけでも不安は解消されます。**

④家族、友達からの反対意見

周囲の反対意見は意思決定に大きな影響があるので、できるだけ潰しておきましょう。

結構多いのが、奥さんなり旦那さんが反対するケースです。

例えば子ども向けの教材を売る場合は基本的にターゲットはママです。でもいざ買おうとして旦那さんに相談したら「そんなもの買ってどれだけ効果があるんだ」と理詰めで反対されるかもしれません。

もしそこまで想像できるなら**理屈っぽい旦那さんでも納得するようなデータをサイトに用意するなどして、奥さんが交渉を有利に進められるように補助する**必要があります。

まとめ

「感情的ベネフィット」を刺激することと合わせて、「読み手が行動しない理由」を事前に潰そう

033

根拠をしっかり見せる

「ユーザーの声」「第三者によるお墨付き」「数字・データ」

リスク・リバーサルの話を続けます。残っているのはこの2つでした。

- **個人や会社、商品などへの信頼度**
- **実績、評判、成果が不明**

この2つに共通するのは、読み手が納得するような根拠をしっかり見せましょうということです。

これについては方法論はある程度確立されていて、次の要素を文章のなかに織り込んでいくことが大事です。

- **ユーザーの声**
- **第三者によるお墨付き**
- **数字・データ**

①ユーザーの声

ダン・ケネディというアメリカの有名なマーケターが残した伝説的な逸話があります。

彼はかつて、ある商品をインターネットのランディングページで売ろうとしましたが、まったく売れませんでした。そのとき彼は自分が伝えたいことを100%書いたそうです。メリットも書き、ベネフィットも書き、Q&Aも書いた。しかし売れなかったと。

そこで試しにお客さんの声を50%入れてみたそうです。すると売り上げが一気に跳ね上がったので、最終的にランディングページの100%をお客さんの声で埋めてみたら、売り上げがさらに倍になったというのです。

もちろん、この方法がどんな商品にでも当てはまるわけではありません。

でも、やはり購入にいたる意思決定において**「実際に買った人はどう感じているのか？」というのは、最強の説得材料になる**ということです。

考えてみれば現代で「ユーザーの声」と言えばレビューです。あなたがアマゾンで何かを買うときも、少しでも迷ったらレビューを判断材料にしているはずです。

ただ、アマゾンのレビューと違うのは、書き手がお客様の声を選べることです。選ぶときの基準はできるだけ読み手のニーズを掴えるもので、なおかつ感情的ベネフィットも刺激できるもの。化粧水に関するお客様の声であれば、次のようなものになるでしょう。僕の解説入りで紹介します。

After

「今までたくさんのアンチエイジングと謳っている化粧水を使ってきましたが、全く効果ありませんでした**【読者に「私も」と共感してもらう】**。しかし、この商品は全く違います。使い始めてまだ5日しか経っていませんが**【手軽さは読者に刺さりやすい】**、お肌がピチピチで友達にも若返ったね、お肌調子いいね、と言われるようになりました**【感情的ベネフィットを刺激】**。使う前は、お肌が荒れている、歳よりも老けて見えると言われていましたので、その効果に驚きです**【ビフォーアフターのギャップを見せる】**。今後も愛用させていただきます。東京都品川区在住、45歳」

当然、お客様の声は複数あったほうがいいので、たくさん用意しておきましょう。

②第三者によるお墨付き

これにはいろいろな方法があります。

例えば寝具を売りたいときに**「オリンピックメダリスト愛用」**と書いてあれば「おっ」と思うでしょうし、本でも表紙の帯に**「落合陽一氏推薦！」**と書いてあれば「すごい本なんだろう」と思います。

イメージではなく、科学的な根拠が必要な健康系商材であれば、**現役医師のコメント**などがあるとまったく印象が変わります。

もしくは、読み手に対して教訓めいたことを伝えたい場合も、**成功者の事例**を使うことで説得力が増すこともあります（使いすぎには注意しましょう）。

Before

×成功したいなら、小さいことをコツコツやるべきだ

After

○あのイチロー選手もこう言っている。「小さなことを重ねていくことがとんでもないところに行くただ一つの道」であると。

③数字・データ

これは男性向けの文章を書くときに大事なことで、裏付けデータがないと「根拠を見せろ」と怒り出す読者もいます。

もちろん学術論文を書いているわけではないので、毎回データを引用してくる必要はありませんが、例えば主要メ

ッセージを伝えるときの前提になる話などであれば、**インターネットで統計データを探すという癖をつけておく**といいでしょう。

まとめ

読み手が納得する根拠として、できるだけ「ユーザーの声」「第三者によるお墨付き」「数字・データ」を入れよう

034

ノーリスクで「イエス率」を高める方法

悪用厳禁！「イエス」と言わせる禁断のテクニック

社内で承認をとるときや、誕生日で高価なカバンをおねだりするときなど、最終的に相手にイエスと言わせたい場面はよくあります。

そんなときに僕がいつも使うのが**「イエスセット」**と**「テストクロージング」**という、交渉術のテクニックです。

イエスセットとは、相手が「イエス」と答えるであろう質問を何回もして、最終的にイエスと言わせたい質問を投げかけたとき**「ノー」と言いづらい状況を作ってしまう方法**のこと。

例えば友人をボランティアに誘いたいときに使うならこんな感じでしょう。

「社会の役に立つっていいよね」

「うん」

「これからはやっぱり支え合いの世の中になると思っているんだ」

「そうだね」

「どうせ俺たち自分の時間とか言いながら、スマホいじりしかしてないし」

「まあ、そうだよね」

「そういえば来週の日曜、暇？」

「うん。暇だけど」

「ちょっとボランティア行ってみない？」

ここで「ノー」とはっきり言える人はあまりいないでしょう。社会貢献の価値を認めていて、時間もあると宣言してしまっているわけですから。

このようにイエスセットは説得したい相手が言うであろう言い訳を先に潰して、外堀りを埋めておく目的でよく使われます。弁護士が裁判で使う、古典的テクニックでもあります。**LINEやSlackのようなチャットであれば、いまの例のまま使えます。**

もし本やブログなどの一方向の文章で使うのであれば、文章の冒頭で「社会貢献って大事ですよね？」と読者に問いかける形で使えるでしょう。

読み手が脳内で「イエス」と答えている情景を思い浮かべながら、話を組み立てていくのがコツです。

では、テストクロージングは何かというと、**「イエスかノーか」を最終的に突きつける質問（ファイナルクロージング）の前に行う実験的な質問**のこと。イエスセットもテストクロージングの一手段です。

テストクロージングのメリットは2つあります。

ひとつは先ほどのイエスセットの例のように、ファイナルクロージングに向けて徐々に外堀りを埋められること。

もうひとつは、そこで期待する返答が返ってこなかったとしても軌道修正の余地が残っていることです。ファイナルクロージングではっきり「ノー」と言われてしまったら、そこから意見を変えさせるのは至難の業でしょう。

テストクロージングを覚えると「ローリスク・ハイリターン」で交渉が進められるようになるので、誰かを説得したい文章ではよく使っています。

イエスセット以外の例をあげれば、子どもがおもちゃをねだるシーンを考えてみましょう。

子どもの頃を思い出してほしいのですが、おねだりが失敗するのはたいてい「パパ、これ買って」と唐突に要求する場面ですよね。

外堀りをまったく埋めていないのにファイナルクロージングをするから「え、お金ないよ」とか「ママにも聞かないと」とか「成績が上がったらね」とか、言い訳をされてしまうわけです。

そこで役に立つのがテストクロージング。

普段から「もし今日がクリスマスだったら、何買ってくれる？」と聞いたり、「もしテストでいい点とったら買ってくれる？」と聞いたりしておくことで、「あのときああ言ったから買わざるを得ない状況」を作ることができます。

僕が子ども時代に戻れるなら間違いなく使っていますし、僕が将来結婚するなら奥さんに絶対に教えたくないテクニックです（笑）。


言い訳を先に潰すことが目的ですから、テストクロージングは必然的に**「もし」ではじまる質問**が多くなります。

セミナーなどでよくある「もし宝くじに当たったら何をしたいですか？」といった質問もテストクロージングの典型です。

「クルーザーで世界一周をしたい」という回答で

あれば、「それを夢で終わらせて後悔しませんか?」「それを実現するために何かアクションを起こしていますか?」「それを実現する方法があったら知りたいですか?」といった感じで話をつなげていって、最終的には「この教材買いますか?」というファイナルクロージングに持っていけます。

まとめ

「イエスセット」と「テストクロージング」を駆使すれば、読み手を行動させる確率が高まる

column 05

「なぜ伝わるのか」を真似る

何かを早く習得したいなら達人に弟子入りする。

さんざん言い尽くされたことではありますが、この方法がもっとも効率的です。

一番簡単な弟子入りの方法は、真似から入ることですね。小説家志望の人にとっての良い練習は、自分が好きな作家の作品を写経《しゃきょう》する（一字一句真似をする）ことだとよく言います。『もし文豪たちがカップ焼きそばの作り方を書いたら』（神田桂一著、菊池良著、宝島社）という本が10万部を超えるベストセラーになっていますが、あれも結局、文豪にはそれぞれ文章を書くときの癖（型）があって、それを研究すればある程度再現できるようになる、ということの証です。

という前提を踏まえた上で今の時代を見てみると、ものすごく恵まれていることに気づきます。

今はネットがあるので達人の書いた文章を無料でいくらでも読めるからです。

・商品を売りまくっている人
・一般人なのに熱狂的なファンがたくさんいる人
・本をたくさん出している人
・経営層のファンが多い人

目的に応じて達人を探して、どんどん研究してみましょう。

注意点をひとつあげるとすれば、誰かの文章を参考にするときは、フレーズや単語を真似しただけで満足してはいけません。

「格好いい言い回しを覚えた」とか、「○○さん風の文章が書けるようになったから」といって、それがいい文章なのかは別の話です。

むしろ、その結果、つぎはぎ感のある、ぎこちない文章になる可能性もあります。

それに、そもそも想定読者やその文章の目的などが違ったら、いくら天才マーケターが書いたフレーズを丸ごと真似てみても、効果が出る保証はありません。

例えばアンチエイジングの化粧品のセールスレターでいいフレーズを見つけたから

といって、それを若い女性向けの化粧品のセールスレターで使ったらちょっと変ですよね。

実はこういう失敗は、男性がやりがちです。

先日、家具屋さんに行ったときに販売員さんから聞いて妙に納得した話なのですが、女性客は部屋のコーディネートを考えながら家具を見る傾向が強い一方で、男性客は家具単体で良し悪しを見る傾向が強いそうです。男性に俯瞰力がないと言いたいのではなく、「全体の調和を図る能力」に関しては女性のほうが長けているという話です。

文章でも大事なことは「全体の調和を通じて読者が何を感じるか」です。

ですから達人の書いた文章を研究するのであれば、

- **見出しの付け方**
- **話の順番**
- **緩急や高低差の付け方**
- **使っている事例**

といった文章上の特徴はもちろんのこと

- **使用フォントや画面（紙面）のレイアウト、余白の置き方**
- **使っているイメージ画像**

に至るまで、すべてを見渡した上で

「なぜこの文章はいい文章だと感じたのか？」
「なぜこの文章は人を動かす力があるのか？」
「なぜこの文章は共感を生むことができるのか？」

と考えてみることが、本当の意味での研究であり、弟子入りだと思います。

とくに、ある文章を読んで自分の喜怒哀楽にスイッチが入ったときは、大チャンスです。「いやぁ、いい文章だったな」と感慨に耽《ふけ》るだけではなく、いったいその文章の何があなたの心を動かしたのか、理由を必ず探しましょう。

そうした本質的な要因が見えてきたとき、はじめて「型」が身につくのです。

おわりに

最後までお読みいただき、ありがとうございました。

この本を書き終えた今、僕が望んでいるのは、あなたがこの本を閉じたあとに「相手本位の文章を書くことで仕事やプライベートがうまくいっているイメージ」を持ってもらうことです。

それができたら、この本の目的の半分は達成できたといっていいでしょう。

では残りの半分は何かというと、「文章を書きたい！」と思ってもらうことです。

いや、正確に言えば、実際に書いてもらうことです。

「わかった」ということと「できた」というのは別の話なので、実際に文章をどんどん書いていただいて、この本で学んだことを体に染み込ませていただきたいと思います。

そこで、普段あまり文章を書く機会がないという方に超おすすめの練習方法を最後に紹介します。

好きなアーティストでも、好きな本でも、好きな食べ物でも、好きなブランドでも構わないので、あなたが好きなものについて文章を書いてみてください。

「それと接しているとき、どんな気持ちになるか?」
「なぜ、あなたはそれが好きなのか?」

といった自分の内面にフォーカスして、できるだけ素直な気持ちで書いてみてください。字数も気にしなくていいです。

で、実際に書いてみて「意外と書けたな」と思ったら、SNSにあげてみてください。

最初のうちは画像で共感力を補完できるInstagramがおすすめです。検索されやすいようにテーマに合ったハッシュタグをつけておけば、きっと同じ思いを持った人の目に止まって「いいね！」がつくでしょう。もしかしたら思わぬ反響を呼んで拡散され「興味が湧きました」とコメントがもらえるかもしれません。

いきなりSNSは抵抗があるという方は、アマゾンレビューに匿名で投稿してみるのもいいかもしれません。

例えば、最近買ったお気に入りの家電について熱くレビューを書いてみてはどうでしょう。自分が書いたコメントに「参考になった」という評価がつけば、きっと自信につながるはずです。

そのとき読者のことをイメージしながら書けたら理想ですが、まずは自分の思いを言語化してみることが大事だと思います。そして、その結果「人の共感を得る文章を書くとはこういうことか」と実感していただきたいのです。

あとは、文章術を磨いてガンガン稼ぎたいと思っている方。

そういう方は、ぜひ「こうなりたい！」という姿を頭の片隅に置きながら文章と向き合うことをおすすめします。

最短で結果を出したいなら最短で成長する必要があります。そして、目標なしには成長速度は上がりません。

僕も起業した頃は、わざわざ西新宿のタワーマンションの低層階に引っ越して、上の階から降りてくる住人を横目で見ながら「いつか僕も最上階に住んでやる」と自分にハッパをかけながらブログを書いていたものです。

ぜひあなたも夢を叶えてください。

2019年4月吉日

金川顕教

【著者紹介】
金川 顕教（かながわ・あきのり）

経営コンサルタント、ビジネスプロデューサー、投資家、事業家、作家。1986年、三重県生まれ。立命館大学産業社会学部卒業。

大学在学中に公認会計士試験に合格し、世界一の規模を誇る会計事務所デロイト・トウシュ・トーマツグループである有限責任監査法人トーマツ勤務を経て独立。トーマツでは、不動産、保険、自動車、農業、飲食、コンサルティング業など、さまざまな業種・業態の会計監査、内部統制監査を担当。数多くの成功者から学んだ事実と経験を活かして経営コンサルタントとして独立し、不動産、保険代理店、出版社、広告代理店などさまざまなビジネスのプロデュースに携わる。「量からしか質は生まれない」をミッションとして、1人でも多くの人に伝えるために執筆活動を開始。ビジネス書、自己啓発書、小説など多岐にわたるジャンルで累計20万部以上と、ベストセラーを連発させている。

著書は、『時給思考』（すばる舎）、『仕事と人生を激変させるなら99.9%アウトプットを先にしなさい』（SBクリエイティブ）、『すごいチーム』（KADOKAWA）、『年収300万円の人の悪習慣 年収1000万円の人の良習慣 年収1億円の人のすごい習慣』（サンライズパブリッシング）など多数。

◎理想が叶う金川顕教LINE通信（4万人以上が登録中）
@RGT0375Y（ID検索またはQRコード読み込み）

◎金川顕教公式無料メールマガジン（4万人が購読中）
http://akinori-kanagawa.com/lp/

◎金川顕教オフィシャルサイト
https://akinori-kanagawa.jp/

◎ Facebook　https://www.facebook.com/akky.0226
または検索欄から「金川顕教」と検索してください。

プロデュース	水野 俊哉
企画協力	川田 修、岡部 昌洋（サンライズパブリッシング）
デザイン・イラスト	藤塚 尚子（e to kumi）
DTP	有限会社クリィーク

人もお金も動かす 超スゴイ！文章術

2019年4月25日　第1刷発行
2020年8月29日　第2刷発行

著　者――金川顕教

発行者――徳留慶太郎

発行所――株式会社すばる舎

〒170-0013　東京都豊島区東池袋3-9-7 東池袋織本ビル

TEL　03-3981-8651（代表）　03-3981-0767（営業部）

振替　00140-7-116563

http://www.subarusya.jp/

印　刷――図書印刷株式会社

落丁・乱丁本はお取り替えいたします

ISBN978-4-7991-0771-3